# L'AVENTURIER ESPAGNOL,

COMÉDIE EN TROIS ACTES ET EN PROSE;

PAR M. MÉLESVILLE.

Représentée pour la première fois sur le Théâtre de l'Ambigu-Comique, le 16 mars 1820.

PRIX : 75 centimes.



A PARIS,

CHEZ Mme. HUET, LIBRAIRE, AU GRAND MAGASIN DE PIÈCES DE THÉATRE, ANCIENNES ET MODERNES, RUE DE ROHAN, No. 21, AU COIN DE CELLE DE RIVOLI, PRÈS LE PALAIS-ROYAL.

DE L'IMPRIMERIE D'ANTHe. BOUCHER, SUCCESSEUR DE L. G. MICHAUD, RUE DES BONS-ENFANTS, No. 34.

1820.

| *PERSONNAGES.* | | *ACTEURS.* |
|---|---|---|
| GUSMAN | M. | *Klein.* |
| ELVIRE, sa fille | Mlle. | *Charles.* |
| PÉDRO, neveu de Gusman | M. | *Ernest.* |
| RAPHAEL, aventurier | M. | *Gobert.* |
| DIÉGO, valet de Pédro | M. | *Gilbert.* |
| MORALÈS, intrigant | M. | *Stockleit fils.* |
| BASQUE, vieux domestique de Gusman | M. | *Raffile.* |
| Un Alguazil. | M. | *Boisselot.* |
| La Ste.-Hermandad. | | |
| Amis de Pédro. | | |
| Musiciens. | | |
| Valets. | | |

---

*La Scène est à Madrid.*

# L'AVENTURIER ESPAGNOL.

## ACTE PREMIER.

*Le Théâtre représente une promenade dans un faubourg de Madrid. Au fond, on aperçoit la ville, qui se dessine à travers les arbres. A droite, et sur le second plan, une grille qui ferme l'entrée du jardin de Gusman; plus haut, et du même côté, le commencement d'une rue. Sur le devant de la scène, et près de la grille, un petit kiosque dépendant du jardin de Gusman, avec une jalousie donnant du côté des spectateurs. A gauche, des arbres, des barrières,* etc.

### SCÈNE PREMIÈRE.

*Le jour se lève. Raphaël est vêtu simplement, enveloppé dans un manteau à l'espagnole; il tient une mandoline, et regarde attentivement la jalousie du kiosque.*

RAPHAEL, *seul.*

C'est Elvire, sans doute... vite la romance obligée; c'est la meilleure manière de faire connaissance.

BOLERO. (*Musique de M. Mélesville.*)

Fleur de printemps,
A peine éclose,
Attraits piquants,
Fraîcheur de rose,
Sourire fin,
Taille élégante,
Coup-d'œil malin
Et voix touchante...

A ce portrait, chacun dira:
Ah! c'est bien elle!...
Chacun, ma belle,
Te montrera!

Simple candeur,
Comme au village,
Esprit, douceur
Dans son langage;
Sans le vouloir,
Être chérie:
Sans le savoir,
Être jolie!...
A ce portrait, chacun dira:
C'est encore elle...
Chacun, ma belle,
Te montrera!

Je suis sûr qu'elle est enchantée de ma galanterie! (*Il s'approche de la croisée.*) Charmante Elvire! (*Il regarde.*) Eh bien! elle s'est retirée!... Parbleu, celui-là est piquant! (*Il rejette sa mandoline sur son dos.*) Je me tue à célébrer son esprit, sa grâce, elle ne m'écoute pas!.. Je fais l'éloge de sa beauté, et elle se sauve!.. Ce n'est pas une femme!... Pauvre Raphaël! encore une matinée de perdue! Depuis deux jours que je suis à Madrid, je n'ai pu rencontrer une de ces ames sensibles qui conviennent si bien à des gens sans fortune, comme moi! Et pourtant je chante sous toutes les fenêtres.... Est-ce que l'amour commencerait à passer de mode? C'est pourtant sur lui que j'ai fondé mes espérances de grandeur et de prospérité!.. Depuis trois ans que j'ai quitté le toit paternel et l'état obscur qui m'était destiné, pour me lancer dans le tourbillon du grand monde, j'ai essayé un peu de tout; n'ayant pas de richesses pour me tenir lieu d'esprit, j'ai tâché que mon esprit me tînt lieu de richesse: ce qui n'est pas tout-à-fait aussi facile. J'ai parcouru l'Espagne en véritable enfant perdu, donnant tout au hasard, changeant de nom, d'état, suivant les circonstances; faisant des dettes comme un seigneur, et les payant de même... avec de belles paroles!.. Ce train de vie est fort agréable, sans doute; mais il a ses dangers!... Allons, Raphaël, il faut faire une fin: un bon mariage, une grande fortune: il n'y a que cela pour donner de l'aplomb à un jeune homme!... Ce serait bien le diable, si dans tout Madrid je ne trouvais pas mon fait: une riche héritière... N'importe laquelle, moi ça m'est égal!

## SCENE II.

RAPHAEL, MORALÈS.

MORALÈS, *accourant.*

Ah! Raphaël, je te cherchais.

RAPHAEL.

C'est toi, Moralès?... Hé bien, quelles nouvelles?

MORALÈS.

Je sors de notre auberge; notre hôte veut absolument savoir qui nous sommes.

RAPHAEL.

Bon !.. nous ne les savons pas nous-mêmes.

MORALÈS.

Hum ! je crois qu'il soupçonne la vérité.

RAPHAEL.

Comment ?

MORALÈS.

En le quittant, sans avoir satisfait sa curiosité, je l'ai entendu murmurer les épithètes de chevaliers d'industrie, d'intrigants, d'aventuriers...

RAPHAEL

Le sot !.. parce que nous ne l'avons pas encore payé ?.. il y a tant d'honnêtes gens qui ne vivent pas autrement !

MORALÈS.

C'est ce que je lui ai dit ; mais ces bourgeois, ces petits esprits, n'entendent rien aux usages du monde.

RAPHAEL.

Nous le quitterons. As-tu été au bureau des voitures de Grenade, retirer notre valise ?

MORALÈS, *à voix basse.*

Notre valise ? elle n'y était plus : mais nous en possédons une autre un peu mieux garnie.

RAPHAEL.

Une autre !.. comment, fripon ! tu l'aurais dérobée ?

MORALES.

Ah ! quel soupçon !... toi qui connais ma probité, mes vertus !

RAPHAEL.

C'est justement pour cela !... avec ta probité, tu es le coquin le plus intrépide des deux Castilles ! et je tremble toujours que tes vertus ne finissent par me mettre aux prises avec l'inquisition. Mais explique-moi donc cette énigme ?

MORALÈS.

Ce matin, je passe au bureau des voitures pour y prendre nos effets arrivés cette nuit par le courrier ; juge de ma surprise, lorsqu'à la place d'un modeste porte-manteau, on me remet une valise semblable à la nôtre en apparence, mais d'une pesanteur admirable ! Je reste d'abord stupéfait ; mais craignant les explications, je paye vite, et je m'esquive adroitement chargé de ce précieux butin.

RAPHAEL.

Quoi ! notre valise ?

MORALÈS.

Je devine la cause de cette erreur... Les adresses se seront déchirées en route... Le maître de ce porte-manteau, pressé en arrivant de gagner son auberge, et trompé par la forme, se sera emparé du nôtre... Au surplus, nous ne nous plaindrons pas de l'aventure ; regarde ce porte-feuille qui devient notre propriété ; il renferme sans doute de bons billets au porteur.

RAPHAEL.

Eh ! malheureux, nos papiers qui peuvent nous compromettre ! ta correspondance avec nos anciens compagnons de folie !

MORALÈS.

Ma foi, tant pis pour celui qui les possède maintenant; je n'irai pas les réclamer.

RAPHAEL, *avec impatience.*

Voyons ce que contient ce porte-feuille : dépêche-toi.

MORALÈS, *ouvrant le porte-feuille.*

Oui, prenons connaissance de notre bien. ( *Il tire un médaillon* ). Un portrait!

RAPHAEL, *le prenant.*

C'est celui d'une jeune femme!... Oh! la charmante personne!

MORALÈS.

Oui, la peinture est fort bien... mais l'entourage me paraît encore mieux... Quels gros brillants!

RAPHAEL, *regardant toujours.*

Un chiffre!... le nom d'Elvire!

MORALÈS.

Elvire!

RAPHAEL.

Eh! oui, la fille du vieux Gusman... ( *Il montre la grille*). Qui loge dans ce brillant hôtel dont tu vois le jardin.

MORALÈS.

Attends donc : tu m'avais chargé de prendre des renseignements sur lui... j'y suis! Ce Gusman a un neveu, m'a-t-on dit, un certain Pédro de Grenade, qui vient pour épouser sa fille... La valise, le portefeuille, le portrait, tout doit appartenir au neveu. ( *Tirant des lettres* ). Eh! parbleu! ceci nous en apprendra davantage.

RAPHAEL, *les prenant.*

Des lettres! justement c'est de Gusman.... Il écrit à son frère Alvarès. (*Lisant*). « Après vingt ans d'absence... » (*A lui-même* ). Bon! (*Lisant*). « Oublions nos querelles et que l'hymen de nos enfants...» (*A lui-même*). Ah! il est question de mariage, de dot!... Voyons, voyons, cela me regarde.

*Il lit tout bas.*

MORALÈS, *fouillant dans le portefeuille.*

Billets doux... petits vers... La triste chose que le portefeuille d'un amoureux.

RAPHAEL, *vivement.*

Moralès, que t'a-t-on rapporté du caractère de Gusman?

MORALÈS.

Avare, ambitieux et crédule à l'excès.

RAPHAEL.

Ambitieux!.. Ah! ça, tout le monde s'en mêle donc?

MORALÈS.

Il donnerait, je crois, malgré son avarice, la moitié de son bien pour un petit bout de parchemin : il ne rêve que grandeurs, distinctions!... Il se prosterne devant un titre, et ferait mille bassesses pour s'allier à quelque grande famille. Tous ses projets d'élévation ont échoué; il s'est trouvé trop heureux de retomber dans la finance, et de donner sa fille à son neveu, dont le père a fait une fortune considérable à Grenade.

RAPHAEL, *lisant toujours.*

C'est bien cela!

MORALÈS.

Eh! mais, à quoi rêves-tu donc?

RAPHAEL, *vivement.*

A un projet délicieux!

MORALÈS.

De fortune?

RAPHAEL.

Et de gloire!

MORALÈS

Parle vite, tu sais que je suis toujours prêt.

RAPHAEL.

Je vois par cette correspondance que Pédro ne s'est pas encore présenté chez son oncle; il ne doit arriver à Madrid que dans deux ou trois jours, pour épouser la fille de Gusman.

MORALÈS.

Eh bien?

RAPHAEL.

Muni de ces lettres et du portrait d'Elvire, si je prenais la place du cher neveu!... Gusman n'a pas revu Pédro depuis vingt ans... Établi à Grenade, avec son père Alvarès, que des intérêts de commerce ont fixé dans cette ville, le jeune Pédro lui-même ne doit avoir qu'un souvenir confus de Madrid et des parents qu'il a quittés dans son enfance.

MORALÈS.

Allons donc, un nom supposé!... Un rival à la place du futur!... C'est usé, on ne voit que cela partout.

RAPHAEL.

Tu crois?

MORALÈS.

Nous-mêmes, nous avons déjà employé cette ruse cinq à six fois : ça ne nous a jamais réussi.

RAPHAEL.

Raison de plus pour la tenter de nouveau!... D'ailleurs je n'ai pas le choix des moyens... L'important est de prévenir Pédro; et je n'ai rien de mieux pour le moment que de lui prendre son nom.

MORALÈS.

Mais où cela te mènera-t-il?

RAPHAEL.

A un mariage brillant, qui me raccommodera avec mon père!... Ce bon Gil Pérez, cet honnête marchand de Tolède, ne voulait-il pas me mettre à la tête de son magasin?

MORALÈS.

Fi donc!

RAPHAEL.

Me vois-tu d'ici, dans le comptoir, une aune à la main?

MORALÈS.

La belle perspective!

RAPHAEL.

Désespéré d'être contrarié dans mes goûts, je me lançai à corps perdu dans tous les genres de dissipation... Mon père jeta les hauts cris; mon oncle, l'alguazil Bancador, s'en mêla; on prétendit que je ne hantais que la mauvaise société... Je ne te quittais pas à cette époque.

MORALÈS, *saluant.*

Merci.

RAPHAEL.

Bref! on voulut me faire enfermer, on me déshérita... Un tapage d'enfer!... Je m'échappai; et tu sens qu'après un pareil éclat, je ne puis songer à reparaître à Tolède, à moins qu'une grande fortune n'impose silence à toutes les mauvaises langues, et ne me rende la tendresse de mes bons parents.

MORALÈS.

J'entends bien; mais Gusman croira-t il?...

RAPHAEL.

Mon plan est tout formé. Je commence d'abord, à la faveur des lettres et du portrait, par faire éconduire Pédro; je m'empare de l'esprit de toute la maison; je séduis les valets, je parle sentiment à la petite, économie au père... Tu connais mon adresse pour ces sortes d'occasions! Demain je suis l'idole de toute la famille, j'épouse, je touche la dot, je deviens riche, honnête homme, cela va de suite, et l'amour me fait tout pardonner.

MORALÈS.

En ce cas, dépêchons-nous d'entrer chez le beau-père.

RAPHAEL.

Je vole à notre hôtel pour y prendre un habit plus convenable, et me bien pénétrer de mon personnage. Toi, Moralès, annonce mon arrivée, fais préparer l'appartement du prétendu, dispose les esprits.

MORALÈS.

Sois tranquille.

RAPHAEL, *en sortant.*

De l'audace, mon ami, de l'audace; il n'y a que cela qui réussisse dans le monde.

*Il sort en courant.*

## SCÈNE III.

MORALÈS, *seul.*

Charmant garçon! rien ne l'intimide! Les mariages les plus avancés, les intrigues les plus embrouillées... Comme il s'est formé avec moi!... D'honneur, il n'est plus reconnaissable!... Il a bien encore quelques restes de ces scrupules bourgeois, de ces vieux préjugés d'éducation.. Il met une certaine noblesse dans ses fourberies... Mais je le corrigerai de ce défaut, et dans quelques années, cela fera un joli sujet!... Ma foi, il faut convenir que notre existence est des plus agréables!... Point de gêne, point d'entraves: j'aime la liberté!... Cette noble indépendance, ces voyages continuels, ce mélange de succès, de revers: voilà mon élément, morbleu! Et je ne changerais pas mon sort contre celui de l'archevêque de Tolède... Mais on vient... c'est notre vieillard... Eh! vite, à mon rôle!

*Il se cache à l'entrée de la rue.*

## SCENE IV.

GUSMAN, BASQUE, *sur le seuil de la grille*, MORALÈS, *caché.*

GUSMAN.

Basque, vous m'avez entendu ?

BASQUE, *paraissant.*

Oui, Seigneur.

GUSMAN.

Que personne ne puisse parler à ma fille en mon absence ; les rues de Madrid sont pavées d'intrigants.

MORALÈS *à part.*

On dirait qu'il nous devine !

GUSMAN, *à Basque.*

Je ne vais que chez mon notaire, et chez le banquier de la cour pour cette lettre de crédit que le fils du vice-roi du Pérou m'a envoyée de Cadix. Il paraît que ce jeune Seigneur est attendu tous les jours à Madrid, et il faut que je prépare les fonds dont il aura besoin. (*à part.*) Bonne affaire pour moi!... Le fils du vice-roi du Pérou!... Il dépensera beaucoup! (*haut.*) Rentre, et ferme bien cette grille. (*Basque rentre.*) Ce matin encore, n'ai-je pas entendu une guitare, un chanteur !.. hum ! quel tourment d'avoir à surveiller à-la-fois ma fortune et ma fille!... Patience, mon neveu Pédro arrive, et dans peu je serai débarrassé de la moitié de mes inquiétudes.

MORALÈS *à part.*

Abordons-le.

## SCENE V.

GUSMAN, MORALÈS.

MORALÈS, *très haut.*

Diable de faubourg, je m'y perds!.. Les rues sont d'une longueur!.. (*A Gusman qui s'en va.*) Mille pardons, seigneur Cavalier; c'est bien ici l'entrée de la rue de Séville?

GUSMAN, *s'arrêtant.*

Oui, mon ami.

MORALÈS.

Pourriez-vous m'indiquer la maison du seigneur Gusman ?

GUSMAN.

Parbleu! très aisément, c'est la mienne.

MORALÈS.

La vôtre !.. Quoi ! Seigneur vous seriez?...

GUSMAN.

Gusman lui-même : de quoi s'agit-il ?

MORALÈS, *feignant une grande joie.*

Ah ! je suis un grand sot!.. En effet j'aurais dû vous reconnaître à cette physionomie respectable... Cet œil vif et spirituel... C'est bien là le portrait que nous faisait Don Alvarès de votre seigneurie.

GUSMAN.

Vous venez de la part de mon frère?

MORALÈS.

J'ai l'honneur de le servir depuis dix ans, et j'arrive à l'instant avec mon jeune maître don Pédro, votre gendre futur.

GUSMAN.

Pédro est arrivé!... Comment diable! je ne l'attendais pas sitôt... Ses dernières lettres......

MORALÈS.

Nous avons voulu vous surprendre. Il a déjà toute l'impatience, tout l'empressement... d'un mari! Je suis sûr que nous avons brisé trois fois sur la route, et pour ma part j'ai crevé vingt chevaux.

GUSMAN.

Où est-il donc?.. que je l'embrasse, ce cher enfant?

MORALÈS.

Vous allez le voir dans un petit quart-d'heure; il ne s'est arrêté à l'hôtel, que pour réparer le désordre du voyage.

GUSMAN.

A l'hotel!.. j'espère bien qu'il logera chez moi dès ce soir.

MORALÈS.

Ah! Monsieur!....

GUSMAN.

Parbleu! entre parents!... au moment du mariage!... Mais quelle joie pour toute la famille!... cela fera un joli couple!... Mon Elvire est charmante, au moins; et pour ton maître, on m'en a dit un bien!...

MORALÈS.

Sans vanité, il est encore au-dessus de sa réputation; c'est un vrai Castillan, plein d'honneur, de droiture; soumis, sage, économe, de l'esprit, de la raison, et brave... ah! brave comme moi!

GUSMAN.

Tu m'enchantes, mon ami! Allons, allons, je cours à deux pas d'ici, chez le banquier de la cour pour une lettre de crédit... dans cinq minutes je suis de retour. Toi, mon garçon, va me chercher Pédro; qu'il vienne sans façon s'établir chez son beau-père... son appartement est prêt, et je veux le présenter sur-le-champ à ma fille.

MORALÈS.

Oui, Seigneur.

GUSMAN.

Adieu, adieu; je vais expédier mes affaires pour l'embrasser plus tôt... je reviens dans cinq minutes.

*Il sort.*

## SCENE VI.

MORALÈS, *seul.*

*Vivat!*... nous voilà lancés!... Pourvu que le véritable Pédro ne vienne pas nous arrêter en si bon chemin!... Eh mais, si je mettais le vieux portier dans nos intérêts... il pourrait éconduire le prétendu, et nous donner le temps de toucher la dot... Non, non, ce basque a l'air d'un mauvais sujet, sans esprit, attaché à son maître... On ne peut rien confier à ces gens-là.

## SCENE VII.

RAPHAEL, MORALÈS.

*Raphaël est en habit de voyage très élégant.*

MORALÈS.

Eh! vite, Seigneur, vous êtes annoncé; l'appartement est prêt, on vous attend.

RAPHAEL, *se rajustant.*

Ah! ah! tu as vu le bon homme?

MORALÈS.

Enchanté des qualités d'emprunt dont je t'ai gratifié, il est sorti pour un moment.

RAPHAEL.

A merveille! J'ai pris dans la valise un habit et les papiers de Pédro; je me suis mis au fait des détails de famille, et je ne craindrais pas maintenant le cher neveu lui-même. Sonne chez le beau-père; je brûle de connaître ma charmante cousine.

MORALÈS, *sonnant à la grille.*

Et moi, de contempler les ducats de Gusman!... Holà! hé!

RAPHAEL.

Comment me trouves-tu?

MORALÈS.

A ravir!... cet habit est d'une élégance!... Tu vas faire tourner toutes les têtes de Madrid.

RAPHAEL.

A propos, tu ne sais pas qui je viens de rencontrer?

MORALÈS.

Non.

RAPHAEL.

Mon oncle Bancador.

MORALÈS.

L'alguazil de Tolède?

RAPHAEL.

Précisément.

MORALÈS.

Que diable fait-il à Madrid?

RAPHAEL.

Je n'en sais rien... Peut-être nous suit-il à la piste... Heureusement, il ne m'a pas aperçu... Mais tu sens qu'il est essentiel de presser le mariage!

MORALÈS.

Certainement... (*Il sonne plus vivement.*) Holà! quelqu'un? holà!

## SCENE VIII.

Les Mêmes, BASQUE.

BASQUE.

Patience, on y va... Que diable! vous êtes bien pressés.

MORALÈS.

Don Gusman?

BASQUE.

Il est sorti.

MORALÈS.

Nous le savons; mais veuillez en l'attendant nous conduire à l'appartement de son neveu; nous sommes horriblement fatigués.

BASQUE.

Son neveu?

MORALÈS.

Vous le voyez.

BASQUE.

Don Pédro!

RAPHAEL.

Moi-même, mon ami.

BASQUE, *enchanté.*

Se peut-il?... ce cher enfant! permettez que je vous embrasse! . . . Oui, vraiment, voilà bien ses traits, son petit air espiègle!... Est-ce que vous ne me reconnaissez pas?

RAPHAEL, *cherchant.*

Eh! mais, attendez donc!...

MORALÈS, *de même.*

Si fait!

BASQUE.

Je vous portais que vous n'étiez pas plus haut que cela... Quoi! vous avez oublié votre père nourricier?

MORALÈS.

Ah! le père nourricier!

RAPHAEL.

Mon père nourricier... C'est toi, mon vieux camarade!... mon cher... hum... là...

BASQUE.

Eh! oui, votre vieux Basque.

RAPHAEL.

Basque... certainement; mais tu n'es pas changé du tout, du tout!..... c'est étonnant comme il est conservé!... ( *A Moralès.* ) Fabrice, tu vois mon plus ancien ami, ce bon vieux serviteur dont je te parlais si souvent.

MORALÈS.

Figure vénérable et touchante!

RAPHAEL.

Parbleu! je suis ravi de te voir!... Embrasse-moi donc!

BASQUE.

L'aimable cavalier!... Mais j'aperçois votre oncle... cachez-vous un peu, pour voir s'il vous reconnaîtra.

*Il masque Raphaël.*

## SCENE IX.

Les Mêmes, GUSMAN.

GUSMAN, *sans voir Raphaël.*

Eh bien, Basque, personne n'est arrivé?

BASQUE, *découvrant un peu Raphaël.*

Si fait, Monsieur; si fait, un jeune homme.

GUSMAN.

Eh mais!...

BASQUE, *se frappant les genoux.*

Vous ne devinez pas?

RAPHAEL, *courant à lui.*

Mon oncle!... mon cher oncle!

GUSMAN.

C'est lui!... te voilà, mon cher Pédro!

BASQUE, *enchanté.*

J'étais sûr qu'il le reconnaîtrait.

RAPHAEL.

Qu'il me tardait de vous serrer dans mes bras!

GUSMAN.

Attends donc que je t'examine... Oui, les traits sont plus formés, plus caractérisés: c'est un homme maintenant; mais c'est absolument la même physionomie... Qu'en dis-tu, Basque?

BASQUE, *s'essuyant les yeux.*

C'est tout le portrait du seigneur Alvarès.

MORALÈS.

Tout le monde en fait compliment à mon maître.

GUSMAN.

Je le crois bien; mais laissons-là les compliments; parle-moi d'Elvire.

RAPHAEL, *le portrait à la main.*

Ah! mon oncle, voilà son portrait que vous avez daigné m'envoyer; il ne me quitte plus... Sans connaître ma charmante cousine, je me sens déjà transporté du plus violent amour... Je me figure sa démarche noble et décente, son esprit enjoué... ses yeux... sa taille... J'en perds la tête, mon cher oncle, j'en perds la tête!

GUSMAN.

Sans l'avoir vue? (*riant.*) Tu extravagues, mon cher neveu; mais parlons de choses plus sérieuses: mon frère a dû te charger des 50,000 piastres qu'il est convenu de placer dans ma maison, et qu'il vous donne en vous mariant.

MORALÈS, *à part.*

Ahi!

RAPHAEL, *bas à Moralès.*

Diable! nous n'avons pas pensé aux 50,000 piastres!

MORALÈS, *voulant les faire entrer.*

Seigneur, vous causeriez bien mieux...

RAPHAEL.

En effet, mon oncle, nous serions plus à notre aise...

GUSMAN.

Dis-moi seulement si tu as apporté les 50,000 piastres?

RAPHAEL.

Je m'en suis bien gardé!

GUSMAN, *vivement.*

Comment donc?

RAPHAEL.

Par un motif de prudence!... Une somme aussi considérable!... Les dangers du voyage!... Quatre-vingts lieues en poste?

GUSMAN.

Il n'y avait pas le moindre danger... La somme devait être en billets sur les meilleures maisons de cette ville.

RAPHAEL, *embarrassé.*

Oui... c'est juste... c'est juste; mais il n'a pu trouver du papier sur Madrid.

GUSMAN, *regardant Raphaël.*

Ah!... (*A Basque.*) Dis donc, Basque, sommes-nous sûrs que ce soit-là mon neveu?

BASQUE, *bas.*

Eh! bon Dieu, d'où vous vient ce soupçon?

GUSMAN, *bas.*

Dam! il n'apporte pas d'argent!

BASQUE, *de même.*

Quelle idée!... ne l'avons-nous pas reconnu tous deux!... Ce portrait d'ailleurs...

RAPHAEL

Qu'avez-vous donc, mon oncle?... Vous semblez inquiet.

GUSMAN.

Oui, l'histoire de ces billets...

RAPHAEL, *à part.*

Ah! c'est cela! (*Haut.*) Je vois bien qu'il faut vous dire la verité. (*Confidemment.*) On vous ménage une surprise.

GUSMAN.

Une surprise!

RAPHAEL.

Sans doute, mon père est si heureux de cette alliance, qu'il n'entend pas que vous donniez de dot à ma cousine.

GUSMAN.

En vérité!

RAPHAEL.

Il s'en charge, et vous la recevrez avec les 50,000 piastres.

GUSMAN, *enchanté.*

Quoi! cet excellent frère...

MORALÈS, *de même.*

Il va vous envoyer le double... Mais chut !... ne me trahissez point, ne faites pas semblant de vous y attendre.

GUSMAN, *ravi.*

Le double!... Ce pauvre Alvarès! (*Bas à Basque.*) En effet, plus je le regarde, plus j'examine ses traits... Cent mille piastres !... Oh! c'est bien mon neveu!

DIÉGO, *dans la coulisse.*

Je vous dis que c'est par ici.

MORALÈS, *à part.*

Qu'est-ce que cela? (*Bas à Raphaël.*) Dépêchons-nous d'entrer; je crains les mauvaises rencontres.

GUSMAN.

Basque, ouvre-nous.

## SCENE X.

Les Mêmes, PÉDRO, DIÉGO.

PÉDRO.

Tu veux donc mettre ma patience à bout?

DIÉGO.

Il faut que votre cher oncle soit introuvable, vous dis-je : j'ai demandé à plus de vingt portes le seigneur Gusman.

GUSMAN.

Gusman!

MORALÈS, *à part.*

Ouf!

RAPHAEL, *bas à Moralès.*

Ce sont eux!

MORALÈS, *bas.*

Nous voilà bien!

RAPHAEL, *de même.*

Payons d'audace!

GUSMAN.

Vous cherchez le seigneur Gusman?... c'est moi, Messieurs.

PÉDRO, *courant à lui.*

Vous!... quel bonheur!... Ah! mon oncle! permettez que ma joie...

GUSMAN, *le repoussant.*

Qu'est-ce à dire, mon oncle?... Un moment, s'il vous plaît.

PÉDRO, *étonné.*

Votre accueil doit me surprendre! ne me reconnaissez-vous pas? Je suis Pédro, votre neveu.

RAPHAEL, GUSMAN et BASQUE.

Pédro!

GUSMAN, *à Raphaël.*

Comment trouves-tu celui-là?

RAPHAEL, *de même.*

Ce sont des fripons!

GUSMAN.

Je sens cela d'une lieue.

MORALÈS.

Laissons-les, Seigneur.

GUSMAN.

Non pas; voyons les venir... il ne faut jamais perdre l'occasion de faire pendre un coquin, quand on le peut.

PÉDRO.

Il me semble, mon oncle, que vous étiez prévenu de mon arrivée, et que votre surprise...

GUSMAN.

Vous faites un joli métier, à votre âge!

DIÉGO.

A-t-il perdu la tête?

PÉDRO.

Que signifie...

GUSMAN, *à Raphaël.*

Ils sont comme cela une bande d'intrigants qui cherchent à s'introduire dans les meilleures maisons.

MORALÈS.

En vérité!... mais il n'y a donc pas de police à Madrid?

PÉDRO, *à Gusman.*

Je vois qu'une absence aussi longue a tout-à-fait effacé mes traits de votre mémoire... mais, Seigneur, vous en croirez sans doute les lettres que vous m'écriviez, le portrait d'Elvire que vous m'avez envoyé?... Que vous faut-il de plus?

GUSMAN.

Des lettres? (*bas à Raphaël.*) Ah! le pauvre diable! comme il s'enferre lui-même! (*haut.*) Des lettres!.. Oh! mon Dieu, je n'en demande pas davantage pour être convaincu.

PÉDRO.

Vous allez être satisfait. Diégo, cours vite chercher à mon hôtel mon porte-feuille et le portrait... tu sais... dans ma valise.

GUSMAN, *bas à Raphaël.*

Oui, cherche, cherche.

DIÉGO.

Ce n'est qu'à deux pas; j'y vole et je reviens.

## SCENE XI.

Les Mêmes, hors DIEGO.

PÉDRO, *un peu ému.*

Il m'est bien pénible, mon oncle, d'avoir besoin de preuves pour être reçu dans votre maison!

GUSMAN, *bas à Raphaël.*

A-t-on idée d'une pareille effronterie?

BASQUE.

Par Saint-Jacques de Compostelle, voilà de hardis Coquins!

RAPHAEL, *bas à Gusman.*

Pour un fripon, il n'est pas encore très adroit... C'est un début, à ce qu'il paraît... Voyez-vous comme il a l'air inquiet, interdit!

GUSMAN, *de même.*

Parbleu! je l'avais déjà remarqué.

PÉDRO, *très ému.*

J'espère que bientôt vous me rendrez plus de justice, et vous serez persuadé...

GUSMAN, *avec ironie.*

Je le suis déjà, mon cher neveu; vous avez un ton de vérité... ah! ah! ah!

*Il rit aux éclats.*

PÉDRO, *à part.*

Qu'est-ce que cela signifie? d'honneur je m'y perds!

GUSMAN, *riant toujours.*

Quelle confiance!.. c'est incroyable! ah! ah! ah! il ne s'attend guère... des lettres!.. un portrait!.. je suis curieux de voir jusqu'au bout... ne disons rien, il faut nous amuser... ah! ah! ah!

RAPHAEL, *avec un rire forcé.*

Ah! ah! ah!... oui, il faut nous amuser.

MORALÈS, *riant aussi.*

C'est très plaisant! (*A part.*) Je suis sur les épines!

GUSMAN, *riant toujours plus fort.*

Peut-on imaginer... ah! ah! ah!... rien de plus impudent... ah! ah! ah!

*Raphaël et Moralès, Basque, voyant Gusman rire ainsi, partent tous trois d'un éclat. Pédro est confondu.*

PÉDRO.

Allons, c'est un véritable délire! on m'expliquera peut-être ce mystère.

## SCENE XII.

Les Mêmes, DIÉGO, *accourant.*

DIÉGO, *tout essoufflé.*

Voici le paquet de lettres; il faut que le voyage ait rompu notre valise, j'avais peine à la reconnaître... J'ai été obligé de briser la serrure... et pour le portrait, je n'ai jamais pu le déterrer.

GUSMAN.

Oh! les lettres suffisent.

PÉDRO.

Tenez, Seigneur, lisez vous-même.

GUSMAN.

Voyons donc ce que je vous écrivais. (*Il ouvre une lettre et lit.*) « C'est » avec une grande joie, mon cher Moralès, que nous avons appris le » détail de vos dernières aventures, et la manière miraculeuse dont

» vous avez trompé la vigilance de l'Alcade de Murcie. » (*Regardant Pédro.*) Oh! oh!

PÉDRO, *surpris.*

Qu'entends-je?

DIÉGO, *de même.*

De Murcie!... nous n'y avons jamais mis le pied!... quel galimatias!

GUSMAN, *continuant.*

» Madrid est un théâtre digne de vous; les alguazils y sont de bonne
» composition, les habitants assez confiants et faciles à dérouter. »

PÉDRO.

Je veux mourir si je comprends!...

RAPHAEL, *bas à Moralès.*

C'est ta correspondance!

MORALÈS, *de même.*

Chut!...

GUSMAN, *lisant.*

« Venez, et que Saint-Jacques vous garde du Grand-Inquisiteur et
» des Corrégidors! » (*Haut.*) A merveille, Messieurs.

PÉDRO.

Mais avez-vous bien lu?

DIÉGO.

Le seigneur Gusman a voulu s'amuser.

GUSMAN.

Oser me présenter lui-même les preuves de sa fourberie!

BASQUE, *riant.*

Ah! ah! ah!... ils se sont trompés de paquet.

MORALÈS.

C'est clair!

PÉDRO.

Je vous jure, mon oncle...

GUSMAN, *en colère.*

Hors d'ici à l'instant, misérable!

RAPHAEL.

Allons, ne vous emportez donc pas, ils s'y prendront mieux une autre fois.

GUSMAN, *de même.*

Ah! les habitants de Madrid sont assez confiants et faciles à duper!... je te ferai voir le contraire, intrigant effronté!... et pour te confondre, regarde, voilà Pédro.

PÉDRO ET DIÉGO.

Lui!

GUSMAN.

Tu ne t'attendais pas à le trouver ici!

PÉDRO.

Quelle impudence!

GUSMAN, *prenant les lettres et le portrait de la main de Raphaël.*

Et ces papiers, ce portrait que tu as eu l'audace de dire en ton pouvoir... tu les vois... Eh bien, oseras-tu démentir ce dernier témoignage?

PÉDRO, *confondu.*

Mes lettres!... le portrait d'Elvire entre leurs mains!

DIÉGO.

Ah! mon Dieu, on nous les a volés!

MORALÈS, *à Gusman.*

On les a volés maintenant!.. vous comprenez...

RAPHAEL, *souriant.*

Il est sûr que dans cette affaire-ci il y a des intrigants, et si le seigneur Gusman pense que ce soit nous...

GUSMAN.

Non, non, mon garçon... je ne prends point le change si facilement. (*A Pédro.*) Allons, votre rôle est fini, allez vous faire pendre ailleurs.

PÉDRO, *vivement.*

Je dois vous détromper.

GUSMAN.

Ah! tu persistes... un alguazil!... un alguazil!... j'aurai le plaisir de te faire envoyer aux présides. (*A sa maison.*) Holà, quelqu'un?

## SCÈNE XIII.

Les Mêmes, ELVIRE.

ELVIRE.

Quels cris! mon père, que vous est-il arrivé?

GUSMAN.

Ce n'est rien, mon enfant, ne t'effraie pas; il s'agit d'un fripon qui voulait s'introduire chez moi à la place de Pédro.

ELVIRE.

Un fripon!

PÉDRO, *vivement.*

Je ne me trompe pas!... c'est elle! c'est Elvire! son portrait est trop bien gravé dans mon cœur!

ELVIRE.

Comment, il me connaît!

PÉDRO, *voulant aller à elle.*

Elvire! chère Elvire!

ELVIRE, *effrayée.*

Ah! ne m'approchez pas!

PÉDRO, *à Gusman.*

Mon oncle!

GUSMAN.

Hors d'ici!

PÉDRO.

Mais enfin...

TOUS.

C'est une horreur!

PÉDRO, *avec colère.*

Ah! je perds patience!

ELVIRE.

Il me fait trembler !

RAPHAEL.

Rassurez-vous, ma belle cousine. (*A Pédro.*) Allons, mon gentilhomme, vous voyez qu'il est inutile de feindre plus long-temps ; je sais que l'amour fait excuser tous les stratagèmes... et je sens que le véritable Pédro doit pardonner à son rival une ruse que j'aurais peut-être employée à votre place.

PÉDRO.

Comment ?

RAPHAEL.

Eh ! mon Dieu ! je ne vous en veux pas. Mais enfin, vous êtes découvert, et je vous conseille de cesser une plaisanterie que d'autres ne prendraient peut-être pas aussi bien que moi.

DIÉGO, *à Pédro.*

C'est un rival.

PÉDRO, *s'animant.*

Je n'en doute plus, et je ne le quitte pas que la vérité ne soit connue.

GUSMAN, *l'arrêtant.*

Hé bien, hé bien, tu raisonnes, je crois ?

ELVIRE, *très effrayée, à Pédro.*

Qui que vous soyez, éloignez-vous, je vous en conjure ; vous serez cause de quelque malheur !

PÉDRO.

O ciel ! suis-je assez humilié !

GUSMAN, *emmenant sa fille.*

Elvire, suivez-moi !

BASQUE, *poussant Raphaël.*

Rentrez, Seigneur, ne vous exposez pas.

GUSMAN, *à Pédro et Diégo.*

Et vous, si vous osez encore envisager cette maison, je vous fais figurer dans le premier auto-da-fé.

*Ils rentrent et ferment la grille brusquement. Pédro et Diégo restent confondus.*

## SCENE XIV.

PÉDRO, DIÉGO.

PÉDRO.

Je reste anéanti !

DIÉGO.

Quelle tendre réception ! Nous voilà bien payés de notre empressement !

PÉDRO.

Je n'y puis rien comprendre !

DIÉGO.

La chose est assez claire, pourtant ; nous sommes à la porte : c'était bien la peine de hâter notre voyage, de courir nuit et jour !

PÉDRO.

Ah! Diégo, je suis au désespoir! La vue d'Elvire a doublé l'amour que son portrait m'avait déjà inspiré! je meurs si je la perds!... Quel parti prendre? Ah!... courons chez Morillos, le correspondant de mon père; il m'a. vu plusieurs fois à Grenade, il peut affirmer qui je suis, et détromper Gusman... Suis-moi; je vais rassembler mes amis, écrire à mon oncle, faire prévenir Elvire; je tremble de laisser à mon rival le temps de plaire et d'accomplir ses desseins.

DIÉGO.

Allons, Monsieur, fasse le ciel que nous ne trouvions pas chez le correspondant un troisième Pédro!

*Ils sortent.*

*Fin du premier acte.*

# ACTE II.

*Le Théâtre représente un salon assez riche; la porte du fond laisse voir une galerie où l'on a suspendu des lustres, des girandoles. L'appartement est garni de fleurs.*

## SCENE PREMIERE.

ELVIRE, *seule.*

*Elle est vêtue avec élégance, et arrange son bouquet devant une glace.*

La singulière aventure! plus j'y songe, plus elle trouble mes idées! Quel pouvait être l'espoir de ce jeune homme, en prenant le nom de Pédro? Seraient-ce une ruse d'amour?... un déguisement?... la chose est assez vraisemblable!... Mon père veut à toute force que ce soit un intrigant... mais non, je me connais en physionomies... j'ai bien examiné notre inconnu!... il est beaucoup trop bien pour un aventurier!... J'ai remarqué de la fierté dans ses regards, un air de noblesse, de franchise... oui, je soupçonne plutôt... (*Riant.*) Je suis folle de m'occuper des autres, quand mon propre intérêt demande toutes mes réflexions. Il faut pourtant que j'étudie sérieusement le caractère de mon prétendu. (*Elle s'arrange devant la glace.*) Oh! oui... je l'épouse demain, il est temps d'y songer... Je ne sais, j'ai des doutes, des inquiétudes!... (*Elle s'arrange toujours.*) Certainement on ne peut nier que Pédro ait de l'esprit, mais il me semble que je lui voudrais un meilleur ton, un esprit moins caustique, plus de réserve dans ses propos... comme il a persiflé ce malheureux!... en vérité, la figure de ce jeune homme m'a frappée!

## SCENE II.

ELVIRE, RAPHAEL, *dans le fond.*

RAPHAEL, *à part.*

La voilà!

ELVIRE, *se croyant seule.*

Plus j'y songe, et moins je puis définir le sentiment secret qui me parle en sa faveur!

RAPHAEL, *à part.*

Que de grâces!... et quand une grande fortune les accompagne... comme cela rend amoureux!

ELVIRE, *le voyant.*

Ah! mon cousin, c'est vous!

RAPHAEL, *s'approchant.*

Oui, ma charmante cousine, je vous trouble peut-être au milieu de vos réflexions?... Je me flatte qu'elles n'ont rien de pénible, et que mon amour...

ELVIRE, *riant.*

Votre amour... vraiment, vous m'en parlez déjà comme d'une vieille connaissance!... nous nous voyons pourtant pour la première fois.

RAPHAEL.

Qu'importe! faut-il donc des années avant d'être bien sûrs que l'on s'aime, que l'on se convient? C'était bon autrefois, mais aujourd'hui les femmes sont si franches, les amants si sincères, que l'on se connaît parfaitement au bout d'une heure!... Pour moi, il me semble que votre ame se peint toute entière dans ce regard si doux; et plus j'étudie un miroir si fidèle...

*Il lui prend la main.*

ELVIRE, *la retirant.*

Oh! vos études vont trop vite; je ne suis pas aussi avancée que vous.

RAPHAEL.

Comment, petite cousine... au moment d'être unis!

ELVIRE.

Tenez, mon cousin, j'ai des scrupules sur l'aventure de ce matin.

RAPHAEL, *à part.*

Que veut-elle dire?

ELVIRE, *l'observant.*

Je suis très méfiante et passablement curieuse... Expliquez-moi, je vous prie, comment il se fait qu'arrivé à Madrid seulement depuis deux heures, vous fussiez sous mes fenêtres hier et ce matin?

RAPHAEL, *vivement.*

Vous m'avez vu?

ELVIRE.

Oui, mon cousin.

RAPHAEL, *à part.*

Ah! diable!

ELVIRE, *à part.*

Il se trouble, je crois!

RAPHAEL, *feignant une grande joie.*

Quoi, chère cousine, il est donc vrai que vous m'avez remarqué?

ELVIRE.

Remarqué!... Je ne dis pas cela, Monsieur : je dis seulement que je vous ai vu.

RAPHAEL, *avec feu.*

Ah! que je suis heureux! Oui, mon Elvire, puisqu'il faut vous l'avouer, je suis ici depuis deux jours... L'impatience de vous connaître, de savoir si les qualités de votre cœur répondaient à tant de beauté, m'a fait devancer le jour fixé pour mon départ. Caché près de ces lieux, j'ai cherché vainement à vous voir, à vous parler... Le matin je chantais sous vos fenêtre; le jour je courais les églises, les promenades, dans l'espoir de vous rencontrer; j'interrogeais vos voisins, vos amis: je n'entendais partout que l'éloge de ma belle cousine!... On vantait sa douceur, son esprit, ses talents... Jugez de mes transports, en recueillant ainsi les assurances de mon bonheur et les hommages rendus aux charmes qui m'étaient destinés.

ELVIRE, *à part.*

Eh! mais, il n'a pas si mauvais ton que je l'avais cru d'abord!

RAPHAEL, *à part.*

Je la tiens! (*Haut.*) Eh bien, charmante cousine, me pardonnerez-vous ce détour?

ELVIRE.

Tout-à-fait, mon cousin, et j'espère que vous me permettrez d'user de la même méthode.

RAPHAEL.

Moi!

ELVIRE.

Vous me connaissez parfaitement, dites-vous? Et vous êtes certain que je vous conviens... Moi, je suis persuadée d'avance que vous possédez toutes les qualités qui doivent assurer ma félicité; mais je serais bien aise, avant de m'engager, d'acquérir cette conviction par moi-même; obtenez de mon père que notre hymen soit remis à quelques jours d'ici... Une quinzaine, par exemple; ce n'est pas trop pour connaître son futur.

RAPHAEL, *à part.*

Ce n'est pas là mon compte.

ELVIRE, *l'observant.*

Il est embarrassé!... Décidément il y a quelque chose! (*Haut.*) Vous ne répondez pas?

RAPHAEL.

C'est une plaisanterie, cousine?

ELVIRE.

Nullement, je vous jure.

RAPHAEL.

Retarder mon bonheur!

ELVIRE.

Je l'exige.

RAPHAEL.

Et quinze jours!

ELVIRE.

Une autre aurait demandé quinze mois; mais je suis très prudente, je ne vous exposerai pas à une épreuve si longue.

RAPHAEL.

Allons, vous voulez rire à mes dépens, petite cousine! vous seriez justement offensée, si je cédais à vos desirs... Soyez tranquille, dût tout votre courroux m'accabler de ses rigueurs, je ne retarderai pas d'un seul jour, d'une seule minute, des liens que je brûle de former.

ELVIRE, *piquée.*

C'est votre dernier mot!... Fort bien, je vois à votre complaisance que vous vous croyez déjà mon mari. Adieu donc, mon très cher époux; je vais essayer de mériter tant d'amour. (*A part.*) Courons vite aux informations, et tâchons de retrouver le Pédro de ce matin.

RAPHAEL, *voulant lui baiser la main.*

Vous me quittez ainsi; ça n'est pas bien, cousine.

ELVIRE, *se défendant.*

Laissez-moi, j'entends quelqu'un... Mon cousin, c'est affreux!

*Elle sort.*

## SCENE III.

RAPHAEL, *seul.*

Délicieux! elle me gronde et se laisse embrasser! Très bien, ma foi! il paraît que la civilisation est fort avancée dans ce pays-ci.... Allons, allons, elle est à moi! la petite rusée voulait éprouver ma passion.... mais je connais ces façons-là, et je suis sûr qu'elle est enchantée de mon entêtement.

## SCENE IV.

RAPHAEL, MORALÈS, *très agité.*

MORALÈS, *accourant.*

Ah! Raphaël, tu es seul?

RAPHAEL.

Eh! bon Dieu, te voila bien agité!

MORALÈS.

Nous sommes perdus!

RAPHAEL.

Perdus!

MORALÈS.

Oh! il n'y a pas à dire, il faut gagner la porte.

RAPHAEL.

Explique-toi.

MORALÈS.

Pédro, furieux de l'aventure de ce matin, rassemble en ce moment tous les amis de son père; ils vont venir pour nous confondre devant toute la famille, et te faire chasser honteusement.

RAPHAEL.

Me chasser!

MORALÈS.

Il vaut mieux s'en aller de bonne grâce, n'est-ce-pas?

RAPHAEL *rêvant.*

Non, sur mon honneur! ... je me laisserais vaincre comme un écolier, quand la jeune personne est déjà folle de moi! ... Non, morbleu! je serai son époux! ... attends un moment... Eh! mais... oui, ce moyen est infaillible! ... J'éblouis la famille, je flatte l'orgueil de Gusman, la vanité d'Elvire....

MORALÈS.

Songe que le danger est pressant!

RAPHAEL, *rêvant toujours.*

Eh bien! il faut agir sur-le-champ, et.... c'est cela... j'ai justement ce qui m'est nécessaire... tu vas me voir changer de batteries et faire renvoyer le neveu pour toujours ... On nous a peint Gusman, comme un bon homme... avare par nature, ambitieux par calcul, et crédule à l'excès.

MORALÈS.

Eh bien!

RAPHAEL.

J'attaque son ambition, je ne suis plus Pédro... je suis las, au surplus, de porter un nom si bourgeois... je me lance dans les hautes dignités!

MORALÈS.

Ah! mon Dieu!

RAPHAEL.

Sois tranquille, j'ai toujours sur moi de ces papiers de grandes familles!... on ne sait pas d'un moment à l'autre à qui l'on peut appartenir. (*Il tire des papiers de sa poche.*) Tu vois mes lettres, mes parchemins, et cette lettre dont je me suis déjà servi dans les grandes circonstances, tu sais?

MORALÈS.

Celle qui te fit passer à Murcie pour ce jeune prince qui parcourt dit-on toute l'Espagne?

RAPHAEL.

Précisément; on sait qu'il voyage incognito, et j'ai trouvé commode de m'emparer quelquefois de son titre et de son nom; ça ne lui fait aucun mal, et souvent cela m'est fort utile. Ici, par exemple, crois-tu que le bon Gusman hésite un seul instant entre l'obscur Pédro et le brillant Don Rodrigue de Lima?

MORALÈS.

Oui, mais comment soutenir ce rôle qui demande une certaine dépense?

RAPHAEL.

J'emprunterai.

MORALÈS.

Cette ruse ne peut durer.

RAPHAEL.

Qu'elle me donne le temps de toucher une belle dot et de disparaître... je n'en veux pas davantage.

MORALÈS.

Mais si l'on vient à soupçonner...

RAPHAEL, *vivement.*

Oh! je suis entêté!... Ce matin je n'étais que Pédro; on me contrarie, je deviens grand seigneur! Pour peu que l'on me pousse à bout, je me fais souverain des Espagnes!

MORALÈS.

Fort bien. Et si l'on connaissait à Madrid le personnage en question?

RAPHAEL.

Qu'est-ce que cela me fait? Je lui prouverais en face... qu'il n'est pas lui, et que c'est moi qui porte son nom... En vérité, mon pauvre Moralès, tu deviens d'une timidité!... si tu continues, tu ne seras plus capable de rien de grand, d'héroïque!... Allons donc, est-ce qu'il faut être comme ça?

MORALÈS.

Ce n'est pas la bonne volonté qui me manque; mais cette diable d'inquisition, elle est si chatouilleuse! elle voit toujours les choses du mauvais côté.

RAPHAEL, *souriant.*

Nous n'aurons rien à démêler ensemble... J'entends le bon homme; cours exécuter mes ordres... prends cette lettre, qu'elle me soit remise avec mystère... fais sonner adroitement les mots de courrier, d'altesse... tu m'entends?... De l'intelligence, de la présence d'esprit... c'est ici le coup de maître.

*Moralès sort.*

## SCENE V.

GUSMAN, RAPHAEL.

GUSMAN, *sans voir Raphaël.*

Au diable les affaires!... On m'a pourtant assuré que notre jeune prince était ici *incognito* depuis hier!... S'il allait s'adresser à quelqu'autre pour emprunter de l'argent, je manquerais là une belle opération!... Un prince ne chicane pas sur les intérêts... (*Il voit Raphaël.*) Chut, voici mon neveu!

RAPHAEL, *à part.*

C'est lui! commençons mon nouveau rôle. (*Se parlant à lui-même et parcourant des papiers.*) Le comte de Lemnos... Déjà des invitations!... Comment ont-ils su que j'étais ici?...

GUSMAN, *à part.*

Le comte de Lemnos!... Il connaîtrait le premier ministre?

RAPHAEL, *de même.*

Le duc de Leyva m'attend... qu'il attende... Ah! ah!... le prince Spinoletto, mon ancien camarade de Salamanque!... Celui-là me pardonnera de n'avoir pas été l'embrasser aussitôt mon arrivée, quand il saura que l'amour... (*Jetant ses papiers.*) Je ne suis pas sans inquiétude!... oui, décidément, je me suis trop avancé avec ce bon Gusman.

GUSMAN, *à part.*

Il parle de moi.

RAPHAEL, *de même.*

S'il allait découvrir qui je suis!...

GUSMAN, *à part.*

Hein?... Qu'est-ce qu'il dit donc?

RAPHAEL, *de même.*

S'il préférait son neveu à tous les avantages que je puis lui offrir... Ah! mon étourderie est impardonnable!

GUSMAN, *à part.*

Qu'entends-je?

*Il fait du bruit.*

RAPHAEL.

C'est lui!

*Il prend vivement ses papiers et affecte un grand trouble.*

GUSMAN

Hé bien!... qu'as-tu donc, mon ami?

RAPHAEL.

Rien, mon oncle, rien... je m'occupais...

GUSMAN, *l'observant.*

Tu faisais peut-être ton courrier pour Grenade?

RAPHAEL.

Pour Grenade... oui... oui, mon cher oncle.

GUSMAN, *à part.*

Comme il paraît troublé! (*Haut.*) Que je ne te dérange pas... Je venais te tenir compagnie, et causer de l'aventure de ce matin.

RAPHAEL, *affectant de la distraction.*

De l'aventure... Oh! j'avais déjà oublié...

GUSMAN.

Oui, ces deux coquins... Sais-tu que ton sang-froid m'a étonné?

RAPHAEL.

Mon sang-froid!

GUSMAN.

Sans doute: à ta place, j'aurais livré... tous ces misérables à la justice... Ah! je suis sans pitié pour les fripons!

RAPHAEL, *souriant.*

C'est peut être pour cela qu'ils vous attaquent de préférence?

GUSMAN, *le regardant.*

Ah!... corbleu, je ne les crains pas!

RAPHAEL.

Il est vrai que j'aurais pu pousser les choses... mais les personnes de mon rang sont peu accoutumées...

GUSMAN, *étonné.*

Les personnes de mon rang!...

RAPHAEL, *se reprenant avec affectation.*

Je veux dire que j'ignore tout-à-fait les formes que l'on doit suivre. (*A lui-même.*) Imprudent!

GUSMAN, *à part.*

Quel langage!

RAPHAEL, *feignant d'être inquiet.*

Il ne vient pas!... mon inquiétude redouble!

GUSMAN.

Qu'as-tu donc? tu parais distrait.

RAPHAEL.

Ce n'est rien... seigneur... mon oncle.

GUSMAN.

Que veut dire ceci?

## SCENE VI.

Les Mêmes, MORALÈS, *accourant.*

MORALÈS, *feignant de ne pas voir Gusman.*

Seigneur, voilà ce que votre courrier rapporte à l'instant de Cadix.

GUSMAN, *étonné.*

Son courrier!

RAPHAEL.

Maladroit!... donne vite... Vous permettez, mon oncle?

GUSMAN, *un peu troublé.*

Certainement... je vous en prie...

RAPHAEL, *jetant les yeux sur la lettre.*

Ciel! c'est sa main!

GUSMAN, *les observant.*

Quel mystère!

RAPHAEL, *la parcourant.*

Malheureux prince!

MORALÈS, *ayant l'air de le calmer.*

Seigneur......

GUSMAN, *très étonné et répétant.*

Malheureux prince!.. Seigneur!.. En voici bien d'un autre!

RAPHAEL, *se détournant.*

Dieu! je me suis trahi! (*A Moralès.*) Ah! Don Carlos, je suis perdu! (*D'un air troublé.*) Non, je ne puis supporter plus long-temps cette indigue supercherie... Il faut parler... Il faut éclairer un vieillard vertueux!

MORALÈS, *feignant de le retenir.*

Y pensez-vous, seigneur?

GUSMAN, *étourdi.*

Que dites-vous?

RAPHAEL.

Vous allez me mépriser, me haïr peut-être !.. N'importe, je dois tout vous avouer.

GUSMAN, *inquiet.*

Expliquez-vous.

RAPHAEL.

Je ne le cache plus !.. Oui, je vous ai trompé, je ne suis point Pédro, votre neveu.

GUSMAN.

Quoi! vous n'êtes pas?... (*A part.*) Je m'en doutais : c'est un amant déguisé.

RAPHAEL.

Hélas! je ne suis pas assez heureux pour vous appartenir! j'ai le malheur ne n'être que le fils du prince Don-Rodrigue de Lima.

GUSMAN.

Du vice-roi du Pérou?

RAPHAEL.

Lui-même.

GUSMAN, *avec joie.*

Est-il possible? (*A part.*) Justement!.. on me disait qu'il était à Madrid *incognito!*.. Et moi qui courais après lui! (*Haut avec trouble.*) Quoi! seigneur, il serait vrai!.....

RAPHAEL, *très naturellement.*

Vous pouvez douter de mes discours, je vous ai déjà trompé une fois. Mais jetez les yeux sur ces titres, ces parchemins... (*Il les lui montre rapidement et les donne à Moralès.*) Ce brevet de l'amirauté... La commission royale... Les dépêches du conseil de Lima et de Carlos.....

GUSMAN, *examinant de loin.*

En effet... Ces armes... (*A part.*) Ah! double sot que je suis de n'avoir pas deviné!...

RAPHAEL, *d'un air mystérieux.*

Et ce signe respecté.... (*Il entrouvre son habit et le referme vivement, comme s'il portait une décoration.*) Que je dois cacher, pour garder mon *incognito.*

GUSMAN, *qui n'a rien vu, à Moralès.*

Qu'est-ce donc?

MORALÈS, *bas.*

L'ordre de Calatrava!.. Chut!

GUSMAN, *très troublé.*

De Calatrava!.. Ah! mon prince, pardonnez si je ne vous ai pas rendu les respects....

RAPHAEL

Eh! que me font les honneurs lorsque vous tenez dans vos mains le sort de toute ma vie ?.. Ecoutez mes aveux jusqu'au bout : mon père, irrité contre moi pour quelques erreurs de jeunesse, m'ordonna de voyager il y a deux ans. Je partis seul avec Don Carlos, mon gouverneur, que vous voyez sous un déguisement bien peu digne d'un homme aussi distingué que lui, et que son dévouement pour moi lui a fait prendre dans cette dernière circonstance.

MORALÈS *à part, faisant un salut.*

Ah! c'est moi qui suis le gouverneur!

*Gusman le salue avec respect.*

RAPHAEL.

J'ai parcouru presque toute l'Europe. Il y a huit jours j'arrive à Madrid, je vois la belle Elvire. Dès lors j'oublie la distance qui existe entre nous, les obstacles qui s'opposent à mon bonheur, mon rang, ma fortune, j'oublie tout, pour ne plus m'occuper que de mon amour! J'apprends qu'Elvire est destinée à son cousin, que cet hymen va se conclure... A cette affreuse nouvelle, mes idées se troublent, ma tête se perd!... Je veux quitter Madrid, l'Espagne... j'ordonne les préparatifs de mon départ. Don Carlos s'aperçoit alors qu'une de mes malles a été changée... nous l'ouvrons... c'était celle de votre neveu!... J'y trouve des lettres, le portrait d'Elvire... jugez de mes transports!... L'espoir renaît dans mon cœur! je concois le projet le plus bizarre, je me présente sous le nom de Pédro... et vous savez le reste.

GUSMAN.

Ah! croyez...

RAPHAEL.

Non, ne me dissimulez pas ma faute. Je ne vous dirai pas pour m'excuser, que mon amour m'avait privé de ma raison; que d'ailleurs je devais penser que vous ne pouviez hésiter entre votre neveu et le fils d'un vice-roi; que mon rang, ma naissance, mes trésors, ne sauraient être balancés par une parole donnée à votre frère... Non, je ne veux point chercher à adoucir mes torts, et je me livre à toute votre indignation!

GUSMAN, *transporté.*

Vous me rendez confus!... je vous l'avouerai, mon prince; je ne suis étonné que d'une chose... c'est de n'avoir pas deviné votre rang. J'ai toujours desiré pour ma fille un époux qui pût lui donner un nom recommandable... Il est vrai que je n'aurais jamais osé porter les yeux si haut!

RAPHAEL, *montrant une lettre.*

Jugez de ma douleur!... Mon père m'ordonne de retourner sur-le-champ à Lima: ce bon père est impatient de me revoir!

GUSMAN.

Ah! mon Dieu!... et quelle est l'intention de votre altesse?

RAPHAEL.

En doutez-vous?... Elvire ou la mort!... Et si vous refusez de consentir à mon bonheur...

GUSMAN, *enchanté.*

Pouvez-vous le penser?... L'honneur de votre alliance... mais le préjugé, l'orgueil!...

RAPHAEL.

Ah! si vous saviez combien je méprise ces distinctions chimériques!... ma naissance n'est rien... auprès de mon amour! D'ailleurs, je saurai fléchir mon père; il m'aime tendrement, il ne résistera pas à mes sollicitations. Je cours lui répondre; et la frégate qui devait me conduire lui portera ma lettre.

GUSMAN.

Ah! mon prince, puissiez-vous réussir!

RAPHAEL.

Je réussirai, j'en suis sûr maintenant. Quel sera mon bonheur, de vous combler des marques de ma reconnaissance!... Une fortune brillante... Les plus grandes dignités !....

GUSMAN, *à part.*

Des dignités!... (*Haut.*) Ne parlons pas de cela, je vous en supplie.

RAPHAEL.

Le rang le plus élevé...... mais je ne veux pas encore expliquer mes projets sur vous.

GUSMAN.

Que de bontés!.. En attendant, que votre altesse daigne disposer de ma maison, de mes gens, de ma fortune, de tout ce que je possède... vous savez d'ailleurs que je suis vôtre débiteur.

RAPHAEL, *étonné.*

Comment!... mon débiteur?

MORALÈS *à part.*

Notre débiteur!

GUSMAN.

Oui: cette lettre de crédit que vous m'avez adressée de Cadix.....

RAPHAEL, *intrigué.*

Ah! la lettre de crédit!.. (*A part.*) Le diable m'emporte si je comprends......

GUSMAN.

Les dix mille piastres.

RAPHAEL.

Dix mille piastres!... Oui, oui, j'y suis: cette misère m'était sortie de la tête... j'accepte vos offres, mon cher Gusman; mais je vous demande en grâce de ne point révéler mon secret; j'ai mes raisons pour garder le plus sévère *incognito*.... je serais peut-être forcé de paraître à la cour.... je déteste ce faste importun, et je veux, pour quelque temps encore, me dérober aux honneurs...

GUSMAN, *enchanté.*

Ah! c'est à cette modestie qu'on reconnaît la véritable grandeur!.. vous serez obéi.

RAPHAEL, *lui tendant la main.*

Adieu, mon cher Gusman; adieu, mon cher beau-père!

GUSMAN, *la lui baisant avec respect.*

Ah! mon prince.

RAPHAEL.

Suivez-moi, Don Carlos.

*Il sort avec Moralès.*

## SCENE VII.

GUSMAN, *seul.*

Ouf!.. que je respire un moment!.. Un prince!.. Un prince pour gendre! je m'étais toujours douté que ça finirait par-là!.. Oh! quand toutes ces petites gens, ces roturiers, vont apprendre cette nouvelle, ils crèveront de jalousie! (*Il se promène vivement en se frottant les mains.*) Je vois déjà ma fille sur son trône, entourée de sa cour, de la noblesse du Pérou!.. Quel coup d'œil!.. Moi, je suis auprès d'elle; je jouis de mon ouvrage, je partage ses honneurs, ses richesses!... A propos... diable! il faut que je trouve un nom bien noble, bien antique... je ne puis pas décemment devenir le beau-père d'un vice-roi!.. et m'appeler Gusman tout-court... beau-père d'un vice-roi!.. J'en perdrai la tête!.. ma foi, je n'y tiens plus. Il faut que j'instruise tout mon monde... (*Il appelle.*) Holà!.. Elvire! ma fille!.. Basque, Castillan, Francisque, à moi tous mes gens.

## SCENE VIII.

GUSMAN, ELVIRE, BASQUE, Valets.

*Ils entrent de différents côtés.*

ELVIRE.

Qu'avez-vous donc, mon père?

BASQUE.

Nous voilà tous.

GUSMAN.

Approchez, mes enfants; écoutez-moi avec attention, et retenez bien les ordres que je vais vous donner.

ELVIRE.

Eh! bon Dieu! vous paraissez dans une agitation!..

GUSMAN.

Oui, la joie, le saisisissement... Ma chère Elvire, Basque, vous tous, ayez les plus grands égards, le respect le plus profond pour ces deux étrangers.

ELVIRE.

Quels étrangers?... nous n'avons ici que mon cousin et son valet.

GUSMAN.

Son valet!... prenez garde... Ah! mon Dieu! qu'est-ce que vous dites? le gouverneur de Son Altesse!

BASQUE.

De Son Altesse!

GUSMAN.

Oui; ces étrangers sont deux seigneurs. Cela te surprend?... Deux personnes du plus haut mérite!... On ne s'en douterait pas, hein?

ELVIRE.

Est-il possible?

GUSMAN.

Le premier est le fils du vice-roi du Pérou, que j'attendais, comme tu sais, et qui ne s'est arrêté à Madrid que dans le dessein de devenir mon gendre; l'autre est son gouverneur, don Carlos, un des grands de la cour; un homme fort considérable, sans doute.

BASQUE.

Le fils du vice-roi du Pérou!

ELVIRE.

Mais quelles preuves avez-vous ?...

GUSMAN.

J'en ai mille. D'abord une lettre de son père, des papiers... une commission royale... des titres qui prouvent... l'ordre de Calatrava que j'ai parfaitement reconnu... et puis à sa démarche aisée, je l'ai deviné, je lui trouvais un air trop noble pour être de la famille.

BASQUE.

Mais ce malheureux que nous avons renvoyé avec tant de dureté, est donc votre neveu ?

GUSMAN.

C'est assez vraisemblable.

ELVIRE, *avec joie.*

J'en étais sûre !

GUSMAN.

Mais je m'en vais retirer sur-le-champ la parole que j'ai donnée à mon frère : le prince l'exige, et je ne puis balancer.

ELVIRE.

Comment, mon père, et Pédro ?

GUSMAN.

Oh! Pédro n'est point prince, lui, c'est un sot.

ELVIRE.

Quoi ! vous vous laisseriez encore abuser ?... Tenez, mon père, je me défie des seigneurs qui viennent de si loin, et je suis certaine...

GUSMAN, *effrayé.*

Oh ! mon Dieu ! taisez-vous donc !... si l'on vous entendait ?... Voulez-vous m'exposer à perdre la faveur d'un homme qui n'attend que votre main pour me combler d'honneurs et m'élever aux premières dignités ?

ELVIRE, *avec ironie.*

En vérité !

GUSMAN.

Je suis persuadé qu'il me destine une place magnifique ; peut-être celle de grand-trésorier ! et je vous laisse à penser ce que c'est... le trésor du Pérou !

ELVIRE.

Tout ce que vous voudrez, mon père; mais prince ou non, je ne l'épouserai pas.

GUSMAN, *se fâchant.*

Vous l'épouserez, corbleu ! ou j'y perdrai mon nom !

ELVIRE.

Je ne souffrirai pas que l'on me sacrifie.

GUSMAN.

Vous sacrifier !... Ah ! vous sacrifier est fort bon, quand il s'agit d'un prince !

ELVIRE.

Mais si je ne l'aime pas ?

GUSMAN.

Cela viendra.

ELVIRE.

Non, mon père, je ne l'aimerai jamais!

GUSMAN.

C'est un petit inconvénient qui ne signifie rien pour un mariage avantageux. Eh! parbleu! sans aller plus loin . . . votre mère ne m'a jamais aimé, et cela ne l'a pas inquiétée un seul instant de sa vie.

ELVIRE.

Je mourrais plutôt!...

GUSMAN, *en colère.*

Qu'est-ce que c'est!... qu'est-ce que c'est, mourir!.. c'était bon autrefois; mais aujourd'hui, mademoiselle, on se marie et l'on ne meurt plus.

ELVIRE, *en pleurs.*

Mon père!...

GUSMAN.

Point de réflexions, s'il vous plaît : vous m'avez entendu, obéissez. Courez à votre toilette, prenez tous les diamants de votre mère, ne négligez rien enfin pour paraître belle, enjouée, spirituelle; et songez que si vous laissez échapper cette conquête, je vous abandonne, je vous renonce pour ma fille : allez.

ELVIRE.

Ah! je le déteste plus que jamais. (*A part.*) Tâchons d'informer Pédro de ce qui nous menace.

*Elle sort.*

## SCÈNE IX.

Les Mêmes, excepté ELVIRE.

GUSMAN.

Voyez un peu le beau caprice, pour ruiner toutes mes espérances! (*A Basque.*) Toi, Basque, tu veilleras à ce que le prince et son gouverneur ne manquent de rien. (*A un valet.*) Que l'on prépare une voiture pour Son Altesse... Basque, tu donneras des ordres pour que le souper soit superbe. (*A un valet.*) Toi, fais avertir des musiciens, des danseurs, je veux une petite fête pour ce soir... (*A Basque.*) une petite fête... à bon marché, s'il est possible... Que quatre de mes gens soient destinés au service du prince, deux autres pour le seigneur Don Carlos... (*Il s'arrête essoufflé.*) Ouf! il m'en coûtera cher; mais, morbleu! je serai le père d'une reine! (*A ses gens.*) Vite, chacun à son poste. Je cours rejoindre le prince.

*Il sort suivi de ses valets.*

## SCENE X.

BASQUE, *seul.*

Allons, voilà toute la maison sens-dessus-dessous... Ce que c'est que l'ambition pourtant... sacrifier sa fille, son enfant unique, à des idées de grandeur, d'élévation... Eh! mais, j'y pense... si je pouvais, par le moyen du gouverneur, obtenir aussi quelque place... Voilà trente ans que je sers le seigneur Gusman; je lui suis, certainement, très attaché; mais les gages sont si peu de chose!... En me rendant agréable au prince, je puis devenir son portier, son majordome, intendant peut-être!... Ah! si j'avais seulement une fille à marier à quelque valet-de-chambre de la cour!... n'importe, essayons... Voici justement le seigneur Don Carlos!

## SCENE XI.

### MORALÈS, BASQUE.

MORALÈS, *sans voir Basque.*

Vive les honneurs pour être bien servi!... On me salue de tous côtés, et... (*Il aperçoit Basque, qui lui fait de grandes révérences.*) Ah! ah! c'est le vieux majordome!... Je soupçonne qu'il protège le petit cousin, tâchons de le mettre dans nos intérêts. (*Voyant que Basque le salue de loin.*) Eh bien! il n'ose m'aborder! (*Haut.*) Venez, brave homme, ne craignez rien.

BASQUE, *tremblant.*

Monseigneur!...

MORALÈS, *à part.*

Monseigneur!... peste, je ne suis pas mal partagé!

BASQUE.

Pardon, si j'ose prendre la liberté... mais mon seigneur voudra bien se rappeler que j'ai eu pour sa personne les soins... les attentions...

MORALÈS, *d'abord avec dignité.*

Oui, mon ami, je me ressouviendrai toujours... du déjeûner que vous m'avez fait faire ce matin.

BASQUE.

Ah! Monseigneur, si j'avais connu votre rang, je n'aurais pas eu la hardiesse de vous faire déjeuner à l'office; mais cela n'arrivera plus, et je vais mettre votre couvert à la table de Son Altesse.

MORALÈS.

Mon couvert à la table de Son Altesse! vous êtes un brave homme, je vous estime. Dites-moi franchement, puis-je faire quelque chose pour vous?

BASQUE, *souriant.*

Ah! monseigneur... je ne suis pas ambitieux; mais enfin... vu la circonstance, s'il était possible d'obtenir une petite place...

MORALÈS.

Rien de plus facile. Voulez-vous la surintendance d'une de mes terres?... La place de concierge de mon palais, à Lima?... Ou préférez-vous entrer au service de Son Altesse?.. Choisissez: je puis disposer de l'une aussi bien que de l'autre.

BASQUE.

La surintendance...

MORALÈS.

Vous plairait assez ?... C'est une affaire faite : j'ai précisément ma terre de Guadalaxara... la plus belle position, sur la rivière de... du... Vous ne connaissez pas le Pérou?

BASQUE.

Pardonnez-moi ; j'ai fait ce voyage avec feu le père du seigneur Gusman.

MORALÈS, *à part.*

Diable ! il est plus avancé que moi, je n'y ai jamais été. ( *Haut.* ) Hé bien, puisque vous le connaissez, vous devez savoir qu'il y a sur le fleuve... à côté de la ville du... ah ! une bien belle ville !... Je suis brouillé avec les noms... là... en remontant... la montagne.

BASQUE.

Ah ! la ville de Quito.

MORALÈS.

Non : plus bas... en redescendant...

BASQUE.

La rivière de Chuquimaya.

MORALÈS.

C'est cela... précisément... la rivière de Chu... qui... comme vous dites... Eh bien... un peu plus loin... sur l'autre rive... c'est là.

BASQUE.

Je vois cela d'ici.

MORALÈS, *à part.*

Il est bien habile !

BASQUE.

Magnifique position !

MORALÈS.

Ce Pérou est le plus beau pays !...

BASQUE.

Oh ! superbe !

MORALÈS, *embarrassé.*

Vous serez sans doute bien aise de le revoir ? Mes occupations à la cour ne me permettent pas de surveiller mes intendants... vous examinerez leurs comptes... ainsi je vous regarde dès ce moment comme à mon service : je ferai courir vos gages quand vous voudrez.

BASQUE.

Mais, le plus vite serait le mieux. Monseigneur veut-il que je demande mon congé au seigneur Gusman !

MORALÈS.

Non ; je dois le prévenir moi-même : il faut des égards. Mais tenez-vous prêt à me suivre.

BASQUE, *à part.*

Oh ! que c'est heureux ! quel coup de fortune !

MORALÈS, *à part.*

Il est à nous !... Mais où diable l'ambition va-t-elle donc se nicher ? ( *Haut.* ) Je n'ai pas besoin de vous recommander, honnête Basque, les intérêts de Son Altesse : du moment que vous faites partie de sa maison, vous devez être dévoué à sa personne, et la servir même aux dépens de vos anciennes affections.

BASQUE.

C'est bien comme je l'entends.

MORALÈS.

Que le petit cousin ne puisse approcher de son oncle.

BASQUE.

Soyez tranquille.

MORALÈS.

Ce jeune homme ne convient pas à votre maîtresse.

BASQUE.

C'est évident.

MORALÈS.

Elvire ne trouverait avec lui ni le rang, ni la fortune que le prince lui promet.

BASQUE.

Sans contredit.

MORALÈS.

A Dieu ne plaise cependant que nous devenions un sujet de division dans la famille du bon Gusman! Il faut seulement éviter le scandale, les scènes désagréables... vous concevez? Et pour cela, il suffit d'interdire au jeune Pédro la maison de son oncle.

BASQUE.

C'est trop juste : je m'en charge. Je vais m'installer à la porte de l'hôtel, et je n'en bouge plus.

MORALÈS.

A merveille!..... Je suis satisfait de votre zèle, j'en rendrai compte au prince.

BASQUE, *enchanté.*

Ah! Monseigneur... croyez que l'attachement... le zèle... qui... d'ailleurs... certainement....

MORALÈS.

C'est bien, c'est très bien ; je devine tout ce que vous avez envie de me dire. Mais mon devoir m'appelle auprès de S. A., adieu. Vous avez la surintendance... elle est à vous.

BASQUE, *s'humiliant.*

Que de bontés!

MORALÈS, *à part.*

Ma foi, je suis digne d'être grand seigneur! Je donne au mieux l'eau-bénite de cour! *(Il sort.)*

## SCÈNE XII.

BASQUE, *seul, se redressant.*

Me voilà donc surintendant!... On a beau dire, il n'y a rien de tel que les places pour donner un à-plomb, une considération !... Je n'étais tout-à-l'heure qu'un misérable; maintenant on va faire la cour à M. le surintendant! Je disposerai des places subalternes, je gouvernerai l'office, les cuisines... mais qu'ils y prennent garde, au moins ; je serai difficile en diable sur le choix! Le mérite avant tout, ne fût-ce que pour la rareté du fait.

## SCENE XIII.

ELVIRE, BASQUE.

ELVIRE, *agitée.*

Ah ! mon cher Basque, je viens à toi, tu es ma dernière consolation ! Toi seul ici n'a pas la tête tournée par les honneurs, l'ambition !... Dis-moi, n'as-tu pas revu Pédro ? je crains que mon père ne lui fasse défendre sa porte !.. Tu ne m'écoutes pas ?

BASQUE.

C'est vous, mademoiselle !.. Vous me voyez dans une joie, dans un ravissement... tout va au mieux !

ELVIRE.

Vraiment ?

BASQUE.

Ma fortune est faite.

ELVIRE.

Ta fortune !

BASQUE.

Oh ! mais, une fortune superbe !.. Si vous saviez... que ces seigneurs sont aimables ! généreux ! Ah ! je vous en prie, mademoiselle, n'allez pas désobliger ce pauvre prince qui vous aime tant !... Vous le feriez mourir de chagrin et moi aussi !

ELVIRE.

Ah ! ça, perds-tu la tête ?

BASQUE.

Je m'en garderais bien, à présent que me voilà surintendant !

ELVIRE.

Toi ?

BASQUE.

Une terre magnifique ! la plus belle position, sur la rivière de Chuquimaya ! Je pars avec le gouverneur... Qui sait où cela me mènera ?

ELVIRE.

Allons ! tout le monde extravague dans la maison !... Mon père grand trésorier, et Basque surintendant !...

*L'on frappe en dehors.*

DES VOIX *en dehors.*

Basque !... Basque !..

BASQUE.

Un moment !

GUSMAN, *entrant.*

Eh ! vite, Basque, ce vacarme doit incommoder le prince.

BASQUE.

On y va. ( *A part en sortant.* ) Ah ! mon Dieu, que ma place de portier me semble bourgeoise maintenant.

## SCENE XIV.

### GUSMAN, ELVIRE.

GUSMAN.

C'est sans doute la compagnie que j'attends pour ce soir. ( *A Elvire.* ) Réjouis-toi, ma fille, je viens d'entretenir le prince; il est amoureux à un point que je ne puis concevoir!

ELVIRE, *d'une voix-suppliante.*

Mon père!

GUSMAN.

Il veut absolument te donner une fête... mais une fête magnifique!... Tu verras, mon enfant, il n'épargne rien! Il vient de m'emprunter deux mille piastres pour les premières dépenses; mais je suis sûr qu'il lui en faudra le double. Il y va d'un train... oh! il est d'une générosité incroyable! Je l'ai laissé avec les joailliers, les tailleurs de la cour; il achète de tous côtés, des bagues, des brillants, des habits d'une richesse!... Rien n'est trop cher pour lui; tu le verras, tu le verras sous son nouveau costume, et tu m'en diras des nouvelles!... Eh! mais, quel bruit à cette porte?

BASQUE, *en dehors.*

Non, Seigneur, vous ne pouvez entrer.

PÉDRO, *en dehors.*

Impertinent!

ELVIRE.

C'est Pédro!

GUSMAN.

Pédro!... ah! mon Dieu! au moment de la fête! si le prince le voyait!... Elvire, pas de scène, je vous en prie; laissez-moi renvoyer ce fou, comme il le mérite.

## SCENE XV.

Les Mêmes, PÉDRO, BASQUE, DIÉGO, plusieurs amis de Pédro, Valets *qui veulent l'arrêter.*

GUSMAN.

C'est encore vous?

PÉDRO.

Oui, Seigneur; je viens me venger de l'affront que j'ai reçu; je viens punir l'insolent qui ose prendre mon nom: vous voyez les amis de mon père, les miens; ils peuvent affirmer...

GUSMAN.

Il est bien question de cela à présent!... sans doute, je sais que vous êtes Pédro, mon neveu, le fils de mon frère Alvarès: hé bien, après?

PÉDRO, *surpris.*

Votre langage m'étonne!... quoi! mon oncle, vous avez oublié vos promesses, la parole donnée?

GUSMAN.

Ceci est différent, mon cher neveu!

PÉDRO.

N'êtes-vous pas convenu...

GUSMAN.

Oui, mais ce mariage ne me convient plus; j'ai d'autres vues, d'autres projets pour l'honneur même de la famille. Ainsi, brisons-là, s'il vous plaît, et faites-moi le plaisir de vous retirer sans bruit et sans scandale.

DIÉGO.

Mais le diable s'en mêle donc?

ELVIRE.

Mon père!

GUSMAN.

Taisez-vous.

PÉDRO.

Vous seriez le jouet de deux misérables!

GUSMAN.

Eh! bourreau... veux-tu parler plus bas! (*A part.*) J'enrage!... si le prince nous entendait!

ELVIRE.

Je tombe à vos genoux!

GUSMAN.

Paix!

PÉDRO.

Par pitié!...

GUSMAN.

Silence!

PÉDRO.

Ecoutez-moi!

GUSMAN, *désolé.*

Ils me feront mourir!

DIÉGO.

On vous trompe, Seigneur.

GUSMAN, *furieux.*

Je veux être trompé!... En un mot comme en mille, mon choix est arrêté; finissons, s'il vous plaît, ces enfantillages, et ne songez plus qu'à respecter la future épouse du prince du Pérou!

PÉDRO.

Hé bien, mon oncle, puisqu'il n'est plus possible de vous éclairer, puisque vous oubliez vos promesses, la parole sacrée que vous m'avez donnée, je sais ce qui me reste à faire. Je vais voir ce prétendu prince, cet aventurier...

GUSMAN.

Autre scandale!... et le rang, et la dignité!...

PÉDRO.

Je me moque de son rang.

*On entend de la musique dans la galerie.*

GUSMAN.

Ah! mon Dieu!... C'est don Rodrigue qui paraît à la fête.

PÉDRO.

Je vais lui en faire les honneurs.

GUSMAN, *à ses valets.*

Retenez-le, retenez-le... le voici!

## SCENE XVI.

Les Mêmes, RAPHAEL, *vétu magnifiquement*, MORALÈS, Valets.
*Raphaël entre d'un air aisé, et salue de tous côtés; les valets de Gusman le précèdent.*

RAPHAEL.

Charmant! divin!... En honneur! mon cher Gusman, voilà une fête qui prouve votre bon goût!... Je me crois dans le palais de mon père!

GUSMAN.

Votre Altesse est trop indulgente!

PÉDRO, *à part.*

Quelle assurance!

RAPHAEL, *à Elvire.*

Je vous cherchais, charmante Elvire! pourquoi donc vous tenir éloignée de moi? Au point où nous en sommes! . . . au moment d'être unis!...

PÉDRO, *vivement.*

Jamais, vil imposteur!

RAPHAEL, *se retournant.*

Qu'est-ce que c'est?

GUSMAN.

Ne faites pas attention!... Un fou, un écervelé.

RAPHAEL.

Ah! c'est le jeune homme de tantôt, le petit cousin!... Je conçois ses regrets, sa douleur.

PÉDRO.

Vous n'en jouirez pas long-temps!

RAPHAEL.

Allons, mon cher, j'en conviens, j'ai des torts envers vous; je me suis permis d'emprunter votre nom, de vous faire éconduire, c'est fort mal.

GUSMAN.

Ah! Seigneur! que de bontés!

RAPHAEL.

Non, j'aime à reconnaître les fautes que l'amour m'a fait commettre. Eh bien, je dédommagerai le petit cousin, je me charge de toute la famille; et si Pédro se rend digne de ma bienveillance, je le pousserai, je le ferai partir pour le Pérou, les Grandes-Indes... Nous verrons..

GUSMAN.

Tu l'entends, ingrat! il t'enverrait aux Grandes-Indes.

PÉDRO, *avec mépris.*

Vous me faites pitié!

RAPHAEL.

Comment donc?

PÉDRO.

Je vois qu'il serait inutile d'exiger de vous la satisfaction qu'un homme d'honneur ne me refuserait pas ; il me reste un autre moyen de démasquer un fourbe...

MORALÈS, *bas.*

Il parle de la justice !.. Ne le laisse pas partir, où nous sommes perdus !

RAPHAEL, *bas.*

Sois tranquille. (*A Gusman.*) Le jeune homme est violent.. Et s'il ne vous appartenait pas...

PÉDRO, *mettant la main sur son épée.*

Suis-moi donc, si tu l'oses !

RAPHAEL, *fièrement.*

En tout autre moment, vous verrez, seigneur Pédro, que je ne fuis jamais un tête-à-tête quel qu'il soit ! (*Souriant.*) Mais, aujourd'hui, vous permettrez de me consacrer entièrement à ma nouvelle famille.

PÉDRO.

C'en est trop, lâche intrigant ! le titre dont tu te pares ne saurait arrêter ma juste vengeance ; je cours auprès des magistrats...

RAPHAEL, *à part.*

Peste, ceci devient sérieux ? (*Haut, et l'arrêtant.*) Non, jeune homme, non, vous ne sortirez pas.

PÉDRO.

Comment !

RAPHAEL.

Je dois vous épargner une démarche qui vous couvrirait de confusion.

GUSMAN.

Laissez-le aller... il n'aura que ce qu'il mérite ; après l'offense qu'il vous a faite, je n'entends pas qu'il reste une minute chez moi.

RAPHAEL, *vivement.*

Je ne le souffrirai pas !.. C'est votre neveu, le fils de votre frère... il doit loger ici, je l'exige. Votre intérêt, le sien, les soins de ma réputation... Voulez-vous que je devienne la cause d'un semblable scandale, et que l'on m'accuse à la cour d'avoir porté le trouble dans une famille aussi respectable !.. Ah ! Dieux ! un neveu chassé de chez son oncle !.. Allons, ne souffrez pas qu'il sorte ; je le veux... Vous ne savez pas combien c'est essentiel pour moi !

PÉDRO.

Je devine ton espoir !.. Tu redoutes mes plaintes ; tu voudrais m'enchaîner dans ces lieux... Je cours réclamer l'appui des lois, et faire châtier ton indigne imposture !

GUSMAN, *furieux.*

Ah ! malheureux, tu oses t'oublier à ce point !.. ne reparais jamais devant moi !

RAPHAEL.

Ne vous emportez pas !

ELVIRE.

Au nom de votre tendresse !..

GUSMAN.

Sors, te dis-je !

ELVIRE, *désolée.*

Ah ! Pédro !.. que vais-je devenir, si vous m'abandonnez ?

PÉDRO, *troublé.*

Mon oncle, je vous en conjure par ce que vous avez de plus cher, suspendez cet hymen ; il y va de votre honneur, du salut de votre fille.

GUSMAN, *hors de lui.*

Non, corbleu !.. et pour mieux prouver ma confiance à S. A., dussiez-vous tous en crever de dépit, dès ce soir, je vais mettre le prince en possession de la dot d'Elvire.

RAPHAEL, *bas à Moralès.*

A merveille !.. c'est tout ce qu'il nous faut.

GUSMAN.

Cela vous convient-il, mon prince ?

RAPHAEL.

J'accepte, et dès demain nous signerons le contrat.

PÉDRO, *tirant son épée et voulant se jeter sur lui.*

Misérable !..

ELVIRE, *avec un cri.*

Pédro !...

GUSMAN.

Ah ! mon Dieu !.. arrêtez !.. sortez, Pédro, je vous l'ordonne ! ( *A ses valets.* ) Veillez sur lui ; qu'il quitte à l'instant ma maison. S'il parvient jusqu'au prince, je vous mets tous à la porte !

*Au mouvement de Pédro, Raphael a aussi tiré son épée ; ils sont contenus par Elvire, Gusman, Moralès et les valets qui les entourent.*

*Fin du second acte.*

# ACTE III.

*Le Théâtre représente une rue de Madrid. A gauche des spectateurs, la maison de Gusman, prise dans le sens opposé à la décoration du premier acte. Au premier, un large balcon au-dessus de la porte d'entrée; au rez-de-chaussée, et sur l'avant-scène, une croisée; au second étage, deux autres croisées qui s'ouvrent, et qui sont placées au-dessus de celle qui donne sur le balcon. Toutes les fenêtres de Gusman sont garnies de jalousies.*

## SCENE PREMIERE.

PÉDRO *seul, enveloppé dans son manteau.*

Le sort s'acharne à me poursuivre! Dans un moment où tout dépend d'une démarche prompte, d'un coup d'autorité, le corrégidor est absent!.. le grand inquisiteur l'a fait demander pour une affaire pressante... Dieu sait s'il reviendra de toute la nuit... Pour surcroît d'embarras, ses gens sont en campagne depuis ce matin pour une expédition... Il faut attendre!... (*Avec agitation.*) Attendre!.. ma tête est brûlante!.. Je m'égare dans mes projets de vengeance!.. (*Il s'arrête devant la maison de son oncle.*) Me voir chassé de chez mon oncle par un aventurier, un vil intrigant!... Et ma pauvre cousine... Cette situation est affreuse!... Je ne puis la supporter plus long-temps!.. Mais j'aperçois Diégo.

## SCENE II.

PÉDRO, DIÉGO.

*Diégo sort avec précaution de la maison de Gusman; la nuit vient peu à peu.*

PÉDRO.

C'est toi!.. Eh bien?

DIÉGO.

Chut!. Grâces au trouble qui règne dans la maison, je me suis glissé parmi les valets tandis qu'on servait le souper... Ah! monsieur, le beau souper!.. En le voyant, j'ai senti que les larmes m'en venaient aux yeux

PÉDRO.

Achève, je t'en conjure!

DIÉGO.

On sort de table; les parents, les amis sont déjà partis par le jardin, et chacun se retire dans son appartement. Une petite soubrette de seize à dix-sept ans, qui me paraît tout-à-fait compatissante, m'a fait parler à votre belle Elvire.

PÉDRO, *vivement.*

Tu l'as vue?

DIÉGO.

Toute tremblante des projets de Gusman; notre intrigant a si bien profité de la sotte crédulité de votre oncle, qu'il est parvenu à lui persuader qu'on pouvait se passer du consentement du Vice-Roi, et le mariage est fixé à demain.

PÉDRO.

Demain... il ne s'accomplira pas!..

DIÉGO.

Non, morbleu, il ne s'accomplira pas!..

PÉDRO.

Dussé-je y perdre la vie!

DIÉGO.

Dussé-je y perdre mon nom!.. Je suis aussi intéressé que vous à démasquer ces deux fourbes: la petite servante me revient de droit, et si je n'y mettais ordre, je suis sûr que M. le gouverneur, malgré sa grave dignité, finirait par s'en accommoder.

PÉDRO.

Mais, au-moins, as-tu rassuré mon Elvire? lui as-tu peint mon amour, mes tourments?

DIÉGO.

Elle n'espère plus qu'en vous. Je l'ai prévenue que vos amis étaient en ce moment chez le corrégidor, pour l'informer des exploits de nos fripons; mais tout cela ne la rassure pas. Elle voudrait vous voir, vous parler.

PÉDRO.

Lui parler!.. mais comment?

DIÉGO, *montrant la fenêtre du rez-de-chaussée.*

Elle va venir à cette fenêtre.

PÉDRO, *vivement.*

Est-il possible?

DIÉGO.

Toute la maison sera bientôt endormie; la petite servante lui procurera une clef de la jalousie.

PÉDRO.

Quoi! c'est d'elle-même?..

DIÉGO.

Elle faisait bien quelques difficultés; mais j'ai combattu des scrupules hors de saison, et je l'ai décidée...

PÉDRO, *l'embrassant.*

Ah! mon ami, mon sauveur!

DIÉGO, *rapidement.*

A minuit, c'est l'heure convenue!.. Vous l'avertirez avec votre guitare

A Madrid, une sérénade n'éveille pas les soupçons ; cependant, pour plus de sûreté, nous nous ferons accompagner de trois ou quatre amis bien armés.

PÉDRO.

Mais quel parti lui proposer !... Comment la soustraire au sort qui la menace ?... Le corrégidor est absent : j'ai laissé Morillos pour attendre son retour ; et jusque-là ....

DIÉGO.

Ma foi, seigneur, les grands moyens... un enlèvement !

PÉDRO.

Malheureux !... un enlèvement !... lorsqu'elle se fie à ma loyauté, à mon honneur !

DIÉGO.

Mon Dieu ! il n'y a qu'une tournure à donner aux choses !... Ceci ne sera pas un enlèvement, si vous voulez. Vous lui proposerez de la conduire chez l'épouse du seigneur Morillos ; elle y sera ignorée et sans danger pour sa réputation, jusqu'à ce que le corrégidor ait fait pendre le prince du Pérou.

PÉDRO.

En effet, cete idée ne peut lui déplaire ; la maison de Morillos est un asile respectable.

DIÉGO.

La nuit s'avance... Allons, monsieur, vite à l'exécution.

PÉDRO.

Je rentre chez moi pour prendre une guitare.

DIÉGO.

Moi, je vais chercher du renfort pour protéger l'expédition.

PÉDRO.

A minuit !

DIÉGO.

Sous cette fenêtre !

PÉDRO.

C'est entendu !

## SCENE III.

RAPHAEL, MORALÈS.

*Il paraissent aux deux croisées du second de la maison de Gusman, qu'ils ouvrent avec précaution. Nuit sombre.*

MORALÈS, *regardant dans la rue.*

Personne !.. la nuit est d'un noir !

RAPHAEL.

Elle sert mieux notre dessein.

MORALÈS.

N'entends-tu rien dans la maison?

RAPHAEL.

Pas le moindre bruit !

MORALÈS, *sortant une échelle de corde.*

Allons, puisqu'il le faut, déménageons. Basque a fermé toutes les portes... Heureusement que nous sommes habitués à voyager par les fenêtres!

RAPHAEL.

Attache bien l'échelle... Sera-t-elle assez longue?

MORALÈS.

Elle va jusqu'au balcon, c'est tout ce qu'il nous faut. (*Ce qui suit se dit pendant que Moralès attache l'échelle.*) Ma foi, nous avons été avertis bien à temps!... Quand je le disais, que le petit Pédro nous jouerait quelque vilain tour!

RAPHAEL.

Tu es sûr qu'il a obtenu l'ordre de nous faire arrêter?

MORALÈS.

Il le sollicite en ce moment... il doit même le faire exécuter à la pointe du jour.

RAPHAEL.

En ce cas, c'est le moment de reprendre nos voyages... aussi bien, je suis las de faire le prince!

MORALÈS.

Et moi, de te gouverner! Je me contente de quelques mille piastres, que le vieux Gusman a prêtées pour attendre les fonds du Pérou.

RAPHAEL.

Fripon! tu ne songes qu'à l'argent!... Il est bien dur pourtant de renoncer à un hymen qui allait m'élever au premier rang, et d'être obligé de descendre...

MORALÈS.

Quand vous voudrez, seigneur, l'échelle est prête.

RAPHAEL.

Allons... c'est bien le moment de faire des cérémonies... Passe devant.

MORALÈS.

Volontiers. (*Il descend.*)

RAPHAEL, *riant.*

Ce pauvre Gusman!... quelle figure il fera demain matin!... (*Moralès s'arrête au balcon.*)

MORALÈS.

A vous, seigneur.

RAPHAEL.

Me voici.

*Il descend jusqu'au balcon.*

MORALÈS.

Nous sommes sauvés! (*Il va pour descendre du balcon, et s'arrête tout-à-coup.*) Hein?

RAPHAEL.

Quoi?

MORALÈS.

J'ai entendu marcher!

RAPHAEL.

Dans la maison?

MORALÈS.

Non, dans la rue.

RAPHAEL, *écoutant.*

Tais-toi !

MORALÈS.

Écoute !

RAPHAEL.

Paix donc !

## SCENE IV.

Les Mêmes *sur le balcon*, PÉDRO, *une guitare à la main. Scène de nuit.*

PÉDRO, *à voix basse.*

Sit ! sit !... Diégo !... Il n'est point encore de retour !

RAPHAEL, *bas à Moralès.*

Eh bien ?

MORALÈS, *bas.*

J'entrevois dans l'ombre...

PÉDRO.

Qu'il me tarde de mettre Elvire à l'abri des entreprises d'un misérable !...

RAPHAEL, *bas.*

On a prononcé le nom d'Elvire !

MORALÈS, *regardant.*

Ah ! mon Dieu ! c'est Pédro !

RAPHAEL.

Pédro ! nous voilà bien !

PÉDRO.

L'heure approche !

MORALÈS, *bas.*

Impossible de monter !... il donnerait l'alarme !

RAPHAEL, *bas.*

Ah ! double sot !...

PÉDRO, *se parlant.*

Le scélérat !... Je me vengerai de tant d'outrages !

MORALÈS, *bas.*

Au moins nous sommes à portée d'entendre les compliments ; c'est toujours quelque chose.

RAPHAEL, *bas.*

Ah ! ça, est-ce qu'il va passer la nuit dans la rue ?

PÉDRO, *écoutant dans le fond.*

A la fin, je crois entendre...

MORALÈS.

Ah ! mon pauvre Raphaël, nous sommes perdus ! voilà une troupe d'auxiliaires... le blocus est formé.

RAPHAEL.

Quel peut être son projet ?

MORALÈS.

Heureusement, il n'y a pas de flambeaux !

## SCENE V.

Les Mêmes, DIÉGO, Musiciens.

DIÉGO.

Seigneur !... Seigneur !...

PÉDRO.

Par ici !...

DIÉGO.

Nous voici tous; j'amène aussi des musiciens.

RAPHAEL, *bas.*

Des musiciens !... ils vont nous donner une serénade.

MORALÈS, *bas.*

Que le ciel les confonde avec leur galanterie !

PÉDRO, *aux musiciens.*

Placez-vous là.

RAPHAEL, *bas à Moralès.*

Bon ! ce n'est qu'un retard ! il ne se doute de rien... Le plus sage est de se résigner, et d'écouter la serénade... Tu aimes la musique, je crois?

MORALÈS.

J'enrage !

RAPHAEL.

Pour moi, je suis un amateur de la première force.

MORALÈS.

Oui, riez, riez, votre situation est belle!... Ah! mon Dieu! mon Dieu! où me suis-je fourré?

### *NOCTURNE A DEUX PARTIES.*

Air : *Dormez donc, mes chers amours.*

*A mi-voix.*

I^er^. couplet.

Dormez, argus; dormez, jaloux;
Voici l'instant du rendez-vous,
Que nos accords tendres et doux
Redisent sans cesse à ma belle
Que son amant veille sur elle;
Dormez, argus; dormez, jaloux,
Voici l'instant du rendez-vous.

RAPHAEL.

Comment donc! . . . c'est exécuté fort agréablement! Joli talent de société!

PÉDRO, *bas.*

Diégo !...

DIÉGO.

Personne, Monsieur, continuons.

MORALÈS, *à part.*

Ils joueront jusqu'à demain.

2e. couplet.

Dieu du sommeil, dieu des amants,
A ma constance, à mes serments,
Prête-tes charmes séduisants;
Qu'un songe heureux m'offre à ma belle
Toujours plus tendre et plus fidèle;
Dormez, argus; dormez, jaloux,
Voici l'instant du rendez-vous.

PÉDRO.

Eh bien!

DIÉGO.

Chut! Monsieur... j'entends quelque bruit, ce me semble!

RAPHAEL, *bas.*

On ouvre une jalousie.

PÉDRO, *à voix basse.*

Elvire! chère Elvire!

RAPHAEL, *bas.*

Elvire!

MORALÈS, *bas.*

Oh! quelle trahison!

## SCENE VI.

Les Mêmes, ELVIRE, *à la croisée du rez-de-chaussée.*

ELVIRE.

Est-ce vous?

PÉDRO.

Moi-même, chère cousine!

ELVIRE.

Parlez bas, je vous prie; mon père peut nous entendre!

PÉDRO.

Je vous revois enfin! Elvire, je tremble de m'abuser et d'attribuer à votre amour ce qui vient peut-être de la haine qu'un autre vous inspire!

MORALÈS, *bas à Raphaël.*

Tu es en bonnes mains... écoute, écoute.

ELVIRE.

Non, Pédro, je vous crois digne de mon estime, et c'est de vous seul que j'attends le secours que tout le monde me refuse.

PÉDRO, *lui baisant la main.*

Ah! que cette assurance m'est chère!

RAPHAEL.

L'aimable bruit pour un futur! et je suis forcé d'être témoin... Il paraît que les princes sont soumis à ces petits désagréments-là comme de simples particuliers.

MORALÈS, *impatienté.*

Nous en aurons pour toute la nuit au moins: le diable emporte l'amour et les amoureux!

DIÉGO, *à son maître.*

Seigneur, le temps nous presse; décidez donc Elvire au seul parti qui nous reste.

ELVIRE.

Quel parti!

PÉDRO.

Je vais vous l'expliquer.

*Il lui parle bas.*

RAPHAËL, *écoutant du balcon.*

Écoutons.

MORALÈS.

La nuit est froide en diable! je suis gelé!

RAPHAEL, *écoutant toujours.*

Qu'entends-je? Un enlèvement!

MORALÈS.

Eh! mon Dieu, qu'il l'enlève tout de suite et que nous sortions d'ici!

## SCENE VII.

Les Mêmes, GUSMAN, BASQUE, *aux deux fenêtres du second qui sont restées ouvertes.*

GUSMAN.

Qu'est-ce que cela signifie?... Ces fenêtres ouvertes!... une échelle de corde!

BASQUE, *voyant Raphaël et Moralès.*

Ah! mon Dieu, monsieur, voyez-vous dans l'ombre deux hommes sur le balcon!

GUSMAN, *regardant.*

Que dis-tu?... Il n'en faut plus douter, le misérable Pédro nous prépare quelque nouvelle extravagance! vite de la lumière.

*Ils disparaissent.*

RAPHAEL, *bas à Moralès.*

On a parlé au-dessus de nous!

MORALÈS.

Allons, nous voilà entre deux feux!

ELVIRE, *à Pédro qui lui parle bas.*

Non, Pédro, je n'y consentirai jamais.

PÉDRO.

Vous refusez de me suivre?... Songez donc au malheur qui nous menace! C'est demain que votre hymen...

DIÉGO.

Seigneur, j'entends du bruit dans la maison!

ELVIRE.

O ciel! nous sommes perdus!

MORALÈS, *à part.*

J'en ai peur!

RAPHAEL, *bas.*

Chut! ceci peut nous servir!

PÉDRO, *à Elvire.*

Ne craignez rien.

DIÉGO, *s'approchant de la porte.*

Attendez, que j'écoute encore.

## SCENE VIII.

Les Mêmes, BASQUE, GUSMAN, *suivis de plusieurs valets.*

GUSMAN, *saisissant Diégo.*

Des flambeaux! des flambeaux! je tiens le séducteur.

ELVIRE, *jetant un cri et disparaissant.*

Ah!

DIÉGO, *criant.*

Ahi! ahi! on m'étrangle!

PÉDRO, *mettant l'épée à la main.*

Quel est le téméraire!

## SCENE IX.

Les Mêmes, ELVIRE, *valets avec des flambeaux, Raphaël et Moralès se baissent de manière qu'ils sont cachés par le balcon.*

PÉDRO.

Mon oncle!

ELVIRE, *accourant.*

Mon père! n'êtes-vous point blessé?

GUSMAN.

Il n'est pas question de cela. (*à ses valets.*) Entourez ces prétendus musiciens, prenez garde qu'il en échappe un seul.

PÉDRO.

Quel est votre dessein?

GUSMAN.

Fi, monsieur! c'est une action indigne. Ah! mon Dieu! si le prince était instruit!... Au milieu de la nuit, ma fille qui donne un rendez-vous... C'est affreux, monsieur, c'est affreux!

PÉDRO.

Mais est-ce donc un si grand crime?

GUSMAN.

Un crime!... C'est une trahison sans exemple: vous vouliez l'enlever.

PÉDRO.

Qui vous a dit?

GUSMAN.

On ne me trompe pas, monsieur. Nierez-vous que les deux hommes que je viens de voir sur le balcon ne soient deux de vos affidés placés par vous-même?

PÉDRO.

Deux hommes !

ELVIRE.

Sur le balcon !

DIÉGO.

Eh ! vous rêvez, seigneur.

GUSMAN, *furieux.*

Ah ! je rêve, effronté personnage ! je rêve ! (*à ses valets.*) Allez me chercher ces deux coquins qui se cachent vainement ; qu'on les amène devant moi, et nous verrons si je rêve.

RAPHAEL, *se levant.*

Non, parbleu ! mon cher Gusman : il paraît même que vous êtes bien éveillé.

GUSMAN, *stupéfait.*

Que vois-je ?

BASQUE.

Le prince !

ELVIRE.

Quel mystère !

GUSMAN.

Quoi ! mon prince, c'était vous !... Et que fais donc là Votre Altesse ?

MORALÈS, *se levant.*

Nous... nous prenions l'air.

BASQUE, *très étonné.*

Et monseigneur aussi !

RAPHAEL, *riant avec affectation.*

Je conviens que l'aventure doit vous paraître singulière... d'honneur, rien n'est plus plaisant ! Je voulais faire une épreuve.. Je savais que la belle Elvire avait donné un rendez-vous au petit cousin, et j'étais curieux d'entendre par moi-même... (*il rit.*) Ah ! ah ! ah ! je m'en souviendrai longtemps.

GUSMAN, *bas à Elvire.*

Là... voilà pourtant à quoi vous m'exposer, avec votre ridicule passion !

RAPHAEL.

Faites-nous ouvrir, et je vous expliquerai..

GUSMAN, *à un valet.*

Courez, voici la clef.

*Un valet rentre.*

PÉDRO.

Qu'est-ce que cela signifie ?

BASQUE.

En vérité, je n'en reviens pas !

GUSMAN, *réfléchissant.*

C'est fort extraordinaire au moins !.. Le prince qui vient passer la nuit sur un balcon, au risque de se casser le cou !

ELVIRE, *avec malice.*

On ne peut pas disputer des goûts : c'est peut-être la mode à Lima...

GUSMAN.

Qu'est-ce encore?

## SCENE X.

Les Mêmes, un Alguazil.

L'ALGUAZIL.

Seigneur Gusman, je me rends à votre invitation; vous avez fait mander le corrégidor : comme il est occupé, il m'envoie à sa place.

GUSMAN, *étonné.*

Moi, j'ai fait mander le corrégidor!

L'ALGUAZIL.

Oui, Seigneur.

DIÉGO, *bas à Pédro.*

Ce sont nos amis qui l'envoient.

GUSMAN.

Je n'entends rien à tout ce qui se passe aujourd'hui... mais puisque vou voilà, seigneur alguazil, votre présence ne sera point inutile; il y aur certainement quelqu'un à faire pendre, quand ce ne serait que ce maraud

*Il montre Diégo.*

DIÉGO.

Un moment.. diable... tenez, Seigneur, voici les vrais coupables.

L'ALGUAZIL.

Je vais faire approcher mes gens.

*Il va à la coulisse, et ne reparaît qu'au moment où Gusman l'appelle*

## SCENE XI.

Les Mêmes, RAPHAEL, MORALÈS.

RAPHAEL, *qui a entendu les derniers mots.*

Oui, je le confesse, mon cher Gusman, j'ai commis une indiscrétio que mon amour peut seul faire excuser... Que voulez-vous? Une sérénad sous les fenêtres de ma prétendue... son nom que j'entends prononcer l'honneur, la jalousie... le desir de me venger d'un rival qui m'est pr féré... il n'en faut pas tant pour tourner l'esprit!

DIÉGO.

Il s'en tirera encore!

GUSMAN, *à sa fille.*

Que vous avais-je dit? Votre imprudence nous perd!

PÉDRO.

Quoi! mon oncle, vous n'êtes pas désabusé?

GUSMAN.

Silence, Monsieur; vous allez être puni comme vous le méritez. (*A R phaël.*) Oui, Monseigneur, je vous prie de croire que j'avais déjà pi mes mesures pour réprimer les déportements de ce mauvais sujet...

l'alguazil, que j'ai mandé tout exprès, va mettre en lieu de sûreté mon fripon de neveu.

ELVIRE.

Y pensez-vous, mon père?

DIÉGO.

Allons, il va nous faire arrêter par l'alguazil que nous avons été chercher.

PÉDRO, *furieux.*

Ah! c'en est trop! je ne réponds plus de ma fureur!

GUSMAN.

Quelques mois de réclusion calmeront cette fougue.

RAPHAEL.

Il faut cela à la jeunesse.

GUSMAN.

Approchez, seigneur alguazil.

## SCENE XII.

Les Mêmes, L'ALGUAZIL, Archers.

L'ALGUAZIL *approchant, suivi d'archers de la Sainte-Hermandad.*

Je suis prêt.

DIÉGO.

Il n'en aura pas le démenti.

RAPHAEL, *à part.*

Envoyer son rival en prison!... c'est délicieux!

PÉDRO.

Mon oncle!

GUSMAN, *à l'Alguazil.*

Faites votre devoir, seigneur Alguazil.

MORALÈS.

Oui, faites votre devoir, et débarrassez-nous promptement.

L'ALGUAZIL.

Allons, Messieurs... (*Il s'arrête, regardant Moralès.*) Eh! mais, que faites-vous ici de cet homme?

MORALÈS, *fièrement.*

Qu'est-ce que c'est? (*A part.*) Ah! diable! j'ai vu cette figure-là dans quelque prison.

GUSMAN.

Doucement, seigneur Alguazil; parlez avec plus de respect du gouverneur de Son Altesse.

BASQUE.

Du seigneur don Carlos.

L'ALGUAZIL.

Vous vous moquez.

PÉDRO.

Comment!

ELVIRE.

Expliquez-vous.

L'ALGUAZIL.

Cet honnête gentilhomme est un de mes pensionnaires; c'est le fripon le plus rusé de toutes les Espagnes.

MORALÈS, *à part.*

Il m'a reconnu!

GUSMAN, *reculant.*

Ah! mon Dieu!

DIÉGO, *avec joie.*

La physionomie du coquin va nous sauver!

RAPHAEL, *bas à Moralès.*

Maladroit!... tu avais bien besoin d'aller montrer ton imbécille de figure!... Attends, je m'en vais raccommoder cela. (*Haut.*) Permettez, M. l'Alguazil se trompe, certainement, et quand un prince tel que moi répond des gens de sa suite....

L'ALGUAZIL, *le regardant.*

Un prince... c'est différent, et... eh! mais, que vois-je?

RAPHAEL, *le reconnaissant.*

Ouf!... mon oncle Bancador!...

MORALÈS, *bas.*

L'alguazil!.... nous sommes perdus!

L'ALGUAZIL, *courant à lui.*

Comment, c'est toi, mon pauvre petit Raphaël!

PÉDRO ET ELVIRE.

Raphaël....

BASQUE.

Il tutoie le prince.

GUSMAN.

Qu'est-ce qu'il dit donc?

L'ALGUAZIL, *à Raphaël.*

Ingrat! nous t'avons retrouvé à la fin!... ah! tu ne nous échapperas plus!... je m'en vais te conduire à ton père... il est ici... toute la famille est venue s'établir à Madrid: ton oncle le maître-d'hôtel; ton parrain le chapelier; ton cousin l'apothicaire.

TOUS.

Son cousin l'apothicaire!

RAPHAEL, *à part.*

La peste soit de la parenté! Il n'en a pas oublié un seul!

GUSMAN.

Ah! ça, entendons-nous, s'il vous plaît... Voyons, seigneur alguazil, vous connaissez donc intimement Son Altesse?

L'ALGUAZIL.

Son altesse !... de quelle altesse voulez-vous me parler ?

GUSMAN, *montrant Raphaël.*

Mais du prince !

L'ALGUAZIL.

Lui !... c'est mon neveu, un mauvais sujet qui a fait mille folies.

GUSMAN, *se frappant le front.*

Miséricorde !

RAPHAEL, *troublé.*

Ne croyez pas... Jevais vous expliquer..

L'ALGUAZIL.

Oserais-tu me renier ?

RAPHAEL.

Mon Dieu ! je ne dis pas cela.

GUSMAN.

C'est donc votre oncle !

RAPHAEL, *embarrassé.*

C'est-à-dire... jusqu'à un certain point. Vous savez que dans les plus grandes familles... il y a des mésalliances... c'est que, voyez-vous, mon père avait une sœur qui était... ma tante... et le cousin... à la suite d'un mariage... vous comprenez ?... un hymen clandestin... mais du reste, ça ne me regarde pas, je m'en lave les mains ; faites de même... nous serons toujours bons amis, et ça ne m'empêchera pas d'épouser votre fille.

GUSMAN.

Brrrr !.., on ne me trompe pas trois fois... j'y vois clair à la fin. M. l'alguazil, vous me répondez de ces deux coquins-là, et je veux qu'un bon procès m'en fasse raison.

PÉDRO.

Mon oncle, y pensez-vous ? ( *A l'alguazil.* ) Seigneur alguazil, cet éclat peut nous compromettre et livrer mon oncle aux plaisanteries, aux brocards de la cour ; par égard pour nous, pour notre famille.. pour vous-même... ne donnez point de suite à cette explication.

GUSMAN.

Tu veux que la justice..

PÉDRO, *souriant.*

Eh ! bon Dieu ! la justice est bien sûre de retrouver ces messieurs. ( *A l'alguazil.*) Un peu de générosité, mon oncle vous en conjure !

GUSMAN, *vivement.*

Moi ! pas du tout, je ne dis rien.

PÉDRO.

Si fait, je connais son bon cœur. ( *A l'alguazil.* ) Emmenez ce cher neveu... faites-lui la morale... quelques mois de réclusion. (*En souriant.*) Il faut cela à la jeunesse.

L'ALGUAZIL.

Oh ! je ne le quitte plus !.. J'espère bien le ramener à des sentiments... Mon petit Raphaël, ne nous donne plus de chagrin : viens embrasser ton père !

RAPHAËL.

Vous le voulez tous ?.. ( *prenant un air dégagé.* ) Allons, mon cher Gusman, je vois que vous renoncez à mon alliance, je serai peut-être plus heureux une autre fois : vous allez unir ces aimables enfants... c'est très bien... il ne faut pas contrarier les inclinations : quittons-nous, bons amis... Dites donc... si vous venez jamais au Pérou, mon palais est le vôtre, au-moins.

GUSMAN.

Eh ! morbleu !

RAPHAËL.

Ah ! nous nous brouillerons, si vous allez loger ailleurs. Désespéré de ne point assister à la noce ; mais je suis pressé de revoir mon pays, mon père, le cousin l'apothicaire.. et toute la famille du vice-roi.. Ne vous dérangez pas, je vous en prie. ( *A Pédro.* ) Au revoir, petit cousin !.. Don Carlos, allez faire préparer les relais.

*Il sort.*

L'ALGUAZIL, *le suivant avec ses gens.*

Dieu soit loué !... nous le tenons enfin... nous saurons bien le guérir de sa folie !

BASQUE, *à Moralès qui s'en va aussi.*

Monseigneur m'enverra-t-il à sa terre, ou bien !...

MORALÈS, *en sortant.*

Au diable.

## SCÈNE DERNIÈRE.

GUSMAN, ELVIRE, PÉDRO, DIÉGO, BASQUE, valets.

GUSMAN.

L'infâme ! il se moque encore de moi !.. Ah !.. et mes piastres qu'il m'emporte !.. courez donc, vous autres.

PÉDRO.

On vous les rendra : calmez-vous, mon cher oncle. Vous n'avez qu'un seul mot à dire pour me rendre le plus fortuné des hommes !

ELVIRE.

Vous m'aviez promis à mon cousin !

GUSMAN.

Mon pauvre Pédro !.. quoi ! tu consentirais !.. moi qui t'ai repoussé, humilié...

PÉDRO.

Je n'ai point de titres à vous offrir ; mais la fortune de mon père pourra vous consoler d'un rang modeste, et les 50,000 piastres dont il m'a chargé..

*Tirant un porte-feuille.*

GUSMAN, *le prenant.*

50,000 piastres !.. et j'ai pu te méconnaître !.. mariez-vous, mes enfants : moi, je renonce à l'ambition.

BASQUE, *avec un soupir.*

Moi aussi.

DIÉGO.

C'est bien fait.

GUSMAN, *bas à Pédro.*

Dis donc, Pédro, si tu achetais un marquisat ?.. Il y en a justement un à vendre à Rio-Bello !

PÉDRO, *souriant.*

Non, mon oncle, le ciel n'a pas voulu me faire naître marquis. Je me soumets, imitez-moi... restons à notre place. Je ne veux pas de lettres de noblesse acquises au poids de l'or, et les honneurs achetés ne valent pas mieux que les titres d'emprunt !

FIN.

www.ingramcontent.com/pod-product-compliance
Lightning Source LLC
LaVergne TN
LVHW022139080426
835511LV00007B/1169